## TEATRO COMPLETO VOLUME 3
# O RATO NO MURO
seguido de
# AUTO DA BARCA DE CAMIRI

Livros da autora na Coleção **L&PM** POCKET:

*Teatro completo volume 1: As aves da noite* seguido de *O visitante*

*Teatro completo volume 2: O verdugo* seguido de *A morte do patriarca*

*Teatro completo volume 3: O rato no muro* seguido de *Auto da barca de Camiri*

*Teatro completo volume 4: A empresa* seguido de *O novo sistema*

# HILDA HILST

## TEATRO COMPLETO VOLUME 3
## O RATO NO MURO
### seguido de
## AUTO DA BARCA DE CAMIRI

*Ensaio biobibliográfico de* Leusa Araújo
*Apresentação de* Carlos Eduardo dos Santos Zago

www.lpm.com.br

**L&PM** POCKET

# Coleção **L&PM** POCKET, vol. 1286

Texto de acordo com a nova ortografia.

Primeira edição na Coleção **L&PM** POCKET: março de 2023.

*Capa*: Ivan Pinheiro Machado
*Ensaio biobibliográfico*: Leusa Araújo
*Apresentação*: Carlos Eduardo dos Santos Zago
*Preparação*: Patrícia Yurgel
*Revisão*: Maurin de Souza

---

Cip-BRASIL. Catalogação na publicação
Sindicato Nacional dos Editores de Livros, RJ

---

H549r

Hilst, Hilda, 1930-2004
 Teatro completo, volume 3: O rato no muro *seguido de* Auto da barca de Camiri / Hilda Hilst ; ensaio biobibliográfico Leusa Araújo; apresentação Carlos Eduardo dos Santos Zago. – 1 ed. – Porto Alegre [RS]: L&PM , 2023.
 128 p. ; 18 cm.  (Coleção L&PM POCKET; v. 1286)

 ISBN 978-65-5666-083-7

 1. Teatro brasileiro. I. Araújo, Leusa. II. Zago, Carlos Eduardo dos Santos. III. Título. IV. Série.

23-82729  CDD: 869.2
  CDU: 82-2(81)

Meri Gleice Rodrigues de Souza - Bibliotecária - CRB-7/6439

---

© 2018 © by Daniel Bilenky Mora Fuentes em acordo com MTS agência

Todos os direitos desta edição reservados a L&PM Editores
Rua Comendador Coruja, 314, loja 9 – Floresta – 90.220-180
Porto Alegre – RS – Brasil / Fone: 51.3225.5777

Pedidos & Depto. comercial: vendas@lpm.com.br
Fale conosco: info@lpm.com.br
www.lpm.com.br

Impresso no Brasil
Verão de 2023

# Sumário

Hilda Hilst: O pássaro-poesia e a gaiola
*por Leusa Araújo* ................................................... 7

Sobre as peças
*por Carlos Eduardo dos Santos Zago* ................. 25

O rato no muro ............................................... 31

Auto da barca de Camiri ................................. 79

# Hilda Hilst: O pássaro-poesia e a gaiola

*Leusa Araújo*\*

"Os deuses morrem, mas a divindade é imortal."
Níkos Kazantzákis

Se pudéssemos traçar uma linha divisória para entender a vida e a obra da poeta, dramaturga e escritora Hilda Hilst (1930-2004), uma das mais impressionantes vozes da literatura produzida no século XX, certamente seria em *antes* e *depois* da sua chegada à dramaturgia. O teatro não só prepara a poeta lírica para um salto maior em direção à prosa narrativa como demonstra a disposição de Hilda em se libertar tanto da gaiola da linguagem como das armadilhas do cotidiano. Ou seja, a produção teatral de Hilda coincide com uma nova etapa pessoal: a de dedicação exclusiva à literatura e às questões essenciais do homem perplexo diante do mistério da vida e da morte.

Seu teatro começa a ser composto longe da agitada vida social em São Paulo, onde viveu até os 35 anos. Poeta premiada, conhecida nos meios intelectuais e artísticos, Hilda passou a viver defi-

---
\* Escritora e jornalista. Acompanhou de perto a produção de Hilda Hilst desde os anos 1980.

nitivamente na Casa do Sol, em Campinas, construída depois da leitura perturbadora de *Relatório ao Greco*, do escritor Níkos Kazantzákis. Como ele, Hilda acreditou na literatura como via de ascese e de conhecimento da verdade. E que tamanha busca exigia maior interioridade.

Assim, a Casa do Sol será uma espécie de monastério em que tudo foi construído para a disciplina da escritora: nichos de pedra para os livros em quase todos os ambientes e uma arquitetura de cômodos sombrios e de quartos contíguos, que deixavam para o lado de fora a claridade e o calor do interior de São Paulo.

"Foi um começo de bastante solidão", revela Hilda. "Eu tinha uma vida bastante agitada e aqui fiquei numa vida mais concentrada, mais dentro de mim, e fui percebendo também a inutilidade do ser aparência, de várias coisas, enfim, que não tinham mais sentido e, de repente, resolvi começar a escrever exatamente como eu tinha vontade de dizer."

De fato, a dramaturga ocupará quase que inteiramente o lugar da poeta nos primeiros anos na Casa do Sol.

## Menina? Que azar!

Hilda Hilst nasceu em 21 de abril de 1930, em Jaú, São Paulo. Quando o pai, Apolônio de

Almeida Prado Hilst, fazendeiro, jornalista e poeta, soube que era uma menina, teria dito: "Que azar". Isolou-se em suas terras e cortou os recursos até então dados à mãe de Hilda, Bedecilda Vaz Cardoso, portuguesa por quem havia se apaixonado no Rio de Janeiro e que, mais tarde, viria ao seu encontro em Jaú. Separam-se em 1932. Bedecilda muda-se com Hilda para Santos junto com seu meio-irmão, Ruy Vaz Cardoso, filho de um casamento anterior. Três anos depois, Apolônio será diagnosticado com esquizofrenia paranoide, o que o condenará a quase uma vida inteira em sanatórios.

Hilda criará uma aura mágica em torno da figura do pai, dizendo em repetidas ocasiões: "Em toda minha vida o que fiz foi procurar meu pai e idealizá-lo".

Em São Paulo, Hilda passa oito anos no internato de freiras marcelinas, onde aprende francês, lê Ovídio em latim e decora dicionários inteiros. Essa menina cheia de perguntas em relação aos dogmas da educação religiosa ressurgirá na personagem América e na irmã H – nas peças *A empresa* e *O rato no muro*. Aos quinze anos, inicia o Clássico no Instituto Mackenzie, em São Paulo e, aos dezoito anos, ingressa no bacharelado em direito na Faculdade de Direito do Largo São Francisco.

Aos dezenove anos, podemos vê-la pendurando poemas ilustrados na Exposição de Poesia Paulista, na Galeria Itapetininga, da rua Barão de Itapetininga, em São Paulo – na companhia de Amelia Martins, do poeta Reynaldo Bairão e do pintor Darcy Penteado.

Apesar da formação tradicional, torna-se uma jovem transgressora – lê Camus, Sartre, Kafka, Kierkegaard. Oswald de Andrade, em 1949, na palestra "Novas dimensões da Poesia", no Museu de Arte Moderna de São Paulo, destaca a modernidade de Hilda: "Quando penso que hoje a poetisa Hilda Hilst está cansada de ler Kafka, Hesse, Rilke e Sartre!".

Em uma de suas primeiras aparições como poeta, num evento que reuniu famosos no Museu de Arte de São Paulo, Hilda chama a atenção da escritora e colunista paulistana Helena Silveira: "Lembro-me como se fosse hoje de uma jovenzinha loira, extremamente bonita, que subiu ao tablado e disse os versos: 'Tenho tanta preguiça pelos filhos que vão nascer!'". São versos do seu primeiro livro, *Presságio*, publicado em 1950, aos vinte anos, que despertou imediata acolhida de Cecília Meireles.

"Hilda girando em boates/Hilda fazendo chacrinha/
Hilda dos outros, não minha..."

*Carlos Drummond de Andrade, 1952*

Aos 24 anos, engaveta definitivamente o diploma de direito. Então curadora do pai, ganha maior independência financeira. Frequenta ao lado de Paulo Mendes da Rocha, Mário Gruber, Rebolo, Sérgio Milliet e outros o famoso Clube dos Artistas Amigos da Arte, ponto de encontro de intelectuais e artistas – inicialmente na rua 7 de abril e mais tarde no "Clubinho", na *cave* da sede do Instituto dos Arquitetos, na esquina das ruas Bento Freitas e General Jardim.

Na sociedade paulistana dos anos 1950, Hilda é poeta de beleza arrebatadora. Desperta versos amorosos de Drummond, cartas de Vinicius de Moraes. Viaja à Europa, veste roupas do badalado estilista Dener. Dá uma passada nos finais de tarde pela Livraria Jaraguá – onde encontra intelectuais – e, depois, segue para a boate Oásis em "companhias duvidosas". No dia seguinte, seu *vison* é comentado nas colunas sociais.

Em 1961, é escolhida para entregar a Augusto Boal o prêmio Saci de melhor autor com a peça *Revolução na América do Sul*. Segue publicando seus livros de poemas e, em 1962, recebe o prêmio Pen Clube de São Paulo por *Sete cantos do poeta para o anjo*, ilustrado por Wesley Duke Lee, prefaciado por Dora Ferreira da Silva, e que marcaria o início de uma longa parceria com o editor e designer gráfico Massao Ohno.

> "Não cantei cotidianos. Só te cantei a ti/Pássaro-
> -Poesia/E a paisagem-limite: o fosso, o extremo/A
> convulsão do Homem."
>
> *Hilda Hilst*

Curiosamente, aos 35 anos, a socialite resolve fazer um movimento inesperado. É quando se muda para a sede da Fazenda São José, de sua mãe, em Campinas, a fim de acompanhar de perto esta que será parte integrante de sua obra: a Casa do Sol. Em 1966, ano da morte de seu pai, passa a viver definitivamente na Casa na companhia do escultor Dante Casarini – com quem ficaria casada entre 1968 e 1985 – e de muitos amigos que por lá passaram, como os escritores Caio Fernando Abreu, José Luis Mora Fuentes e a artista plástica Olga Bilenky. Rodeada por dezenas de cachorros, lê e escreve diariamente, ampliando sua obra. Lá produz toda a sua dramaturgia – de 1967 a 1969 – e inicia-se na ficção.

Entre 1970 e 1989, além de empreender uma nova reunião da sua poesia (publicada de forma fragmentada por pequenas editoras) e de ganhar o Grande Prêmio da Crítica pelo Conjunto da Obra da Associação Paulista dos Críticos de Arte, lança sete novos títulos de poesia e seis outros de ficção – entre os quais *A obscena senhora D* e *Com os meus olhos de cão e outras novelas* –, primeira reunião da sua prosa por uma editora de alcance nacional, a Brasiliense.

Por mais que Hilda tenha mantido o mito da vida reclusa, durante décadas a Casa do Sol permanece sendo um precioso local de encontro de artistas, de físicos e de inúmeros amigos queridos. Porém, o centro de tudo era a produção de Hilda, quase sempre abduzida pelo assunto de sua obra no momento. Adorava ouvir histórias que pudessem enriquecer suas impressões – assim como sobre a vida de santos, mártires e revolucionários que tanto marcaram seu teatro. Escrever era um mergulho profundo e Hilda convidava todos os seus amigos a se afogarem com ela.

No início dos anos 1990, ao completar mais de quarenta anos de trabalho, faz um balanço desanimador sobre a recepção de sua obra e resolve abandonar o que chamou de "literatura séria" para inaugurar a fase "bandalheira" – como se referia à iniciativa da "tetralogia obscena": *O caderno rosa de Lori Lamby* (1990), *Contos d'escárnio/Textos grotescos* (1990), *Cartas de um sedutor* (1991) e *Bufólicas* (1992). Entre 1992 e 1995, passou a escrever crônicas semanais para o

*Correio Popular*, de Campinas. Em 1994, recebe o Jabuti por *Rútilo nada*. Mais tarde, o prêmio Moinho Santista pelo conjunto da produção poética, em 2002.

Hilda morreu na madrugada de 4 de fevereiro de 2004, em Campinas, depois de complicações em uma cirurgia no fêmur devido a insuficiência cardíaca e pulmonar. Hoje sua obra é lida e adaptada para os palcos, traduzida em vários países como Itália, França, Portugal, Alemanha, Estados Unidos, Canadá, Argentina, Dinamarca e Japão. E pesquisadores de todo o país se debruçam sobre seu arquivo pessoal, depositado no Centro de Documentação Cultural Alexandre Eulálio, na Unicamp.

Mas ainda há muito o que dizer da influência da dramaturgia hilstiana sobre sua produção posterior – tanto na poesia quanto na prosa ficcional e nas crônicas. Pois nos textos teatrais é apregoada sua visão da linguagem como ato político "de não pactuação com o que nos circunda e o que tenta nos enredar com seu embuste, a sua mentira ardilosamente sedutora e bem armada", como afirmou em entrevista. Em uma palavra, o teatro hilstiano quer ver cair a máscara do Homem.

## O TEATRO EM REGIME DE URGÊNCIA

As oito peças que compõem o teatro hilstiano foram escritas em regime de urgência nos anos de 1967-1969. Hilda idealizou em seu teatro o alcance de um público mais amplo para a expressão de suas ideias e principalmente como plataforma para uma verdadeira distopia.

O momento é sombrio: regimes totalitários e ditatoriais avançam na contramão do espírito revolucionário da década. Já em 1963, Hilda participa de um ato de protesto contra a prisão de escritores e cineastas pela polícia salazarista, em Portugal; em seguida, aterroriza-se com os efeitos da Guerra do Vietnã e vê a ditadura recrudescer no Brasil, mostrando cada vez mais suas garras (como em *O novo sistema*). Abrigou em sua casa o amigo e renomado físico brasileiro Mário Schenberg, que, mesmo depois de preso em 1965, continuou a ser perseguido até que seus direitos fossem cassados em 1969.

Hilda tinha clareza da gravidade do período e, assim como outros autores, utilizou-se de alegorias para dar seu recado nos palcos, seguindo o que disse o crítico Décio de Almeida Prado: "Um código suficientemente obscuro para escapar à censura e suficientemente claro para poder ser decifrado sem dificuldades". Do contrário, poderia ter as unhas arrancadas ou ser torturada, como Hilda declarou em entrevista sobre o tema, anos mais tarde.

## O UNICÓRNIO DA DRAMATURGIA

À medida que escrevia, Hilda enviava os originais a Alfredo Mesquita – diretor da Escola de Arte Dramática (EAD) da Universidade de São Paulo, espaço para um novo teatro brasileiro. Por intermédio de Mesquita, tanto *O rato no muro* quanto *O visitante* serão encenadas pelos alunos, em 1968, sob a direção de Terezinha Aguiar. No ano seguinte, *O rato no muro* será levada ao Festival de Teatro Universitário na Colômbia.

O maior entusiasta da dramaturgia hilstiana, entretanto, foi o crítico e filósofo alemão Anatol Rosenfeld – um militante de esquerda que, a despeito de sua prodigiosa formação acadêmica na Europa, viveu de forma quase monástica em São Paulo, num pequeno apartamento cercado por livros, e oferecendo cursos livres (na própria EAD), sem aceitar sequer a reparação oferecida pela Alemanha pós-guerra aos judeus refugiados.

É dele o célebre artigo "O teatro de Hilda Hilst", publicado em 1969 pelo *O Estado de S. Paulo*, em que aponta a poeta como verdadeiro acontecimento na dramaturgia brasileira. Reconhece no seu estilo proximidade com os expressionistas alemães, por seus personagens típicos e sua tendência à abstração. Mais tarde irá resumir: "A autora é uma espécie de unicórnio dentro da dramaturgia brasileira". Hilda estabelecerá uma correspondência com o crítico e, graças à insistência dele, inicia-se na prosa ficcional – o que se dará já em 1970, com a publicação de *Fluxo-Floema* – em que uma das histórias terá justamente como título "O unicórnio".

> "Todo aquele que se pergunta em profundidade é um ser religioso. Tentei fazer isso em todas as minhas peças."
>
> *Hilda Hilst*

Seguindo a ordem da publicação que chega ao leitor pela L&PM Editores, *As aves da noite*, escrita em 1968, é baseada na história real do padre franciscano Maximilian Kolbe, morto em 1941, no campo nazista de Auschwitz. Ele se apresentou voluntariamente para ocupar o lugar de um judeu pai de família sorteado para morrer no chamado "porão da fome" em represália à fuga de um prisioneiro. "De início quis fazer dessa peça uma advertência", escreve Hilda em carta a Anatol Rosenfeld, referindo-se aos sinais do surgimento do neonazismo na Alemanha. "É claro que não surgirá necessariamente um novo Hitler [...], mas acredito no espírito revanchista, e o neonazismo é mascarado, mas para mim será sempre o espírito nazista." No porão da fome, a autora coloca em conflito os prisioneiros – o padre, o poeta, o estudante, o joalheiro –, visitados pelo carcereiro, pela mulher que limpa os fornos e por Hans, o ajudante da SS. "É justamente nas situações extremas (morte, amor) que a poesia se faz", explica Hilda. O processo de beatificação do padre Maximilian Kolbe, iniciado em 1948, resultará na canonização em 1982, ano em que a peça estava sendo encenada no Rio de Janeiro, sob a direção de Carlos Murtinho. Mesmo avessa a viagens, Hilda acompanhou durante dois meses os ensaios.

Sua peça mais poética, *O visitante* (1968), gira em torno do conflito entre Ana e Maria – mãe e filha. Ana, encantadora e meiga, descobre estar grávida. Mas a filha, estéril e parecendo mais velha, levanta suspeitas sobre a paternidade, já que seu marido, genro de Ana, é o único homem da casa. A chegada do visitante, o Corcunda, provoca uma distensão sem, no entanto, apagar o conflito entre, de um lado, o apelo da vida, do sexo e do amor e, do outro, a aspereza de um mundo sem prazer. Num cenário entre o medieval e o nazareno – como propõe a autora –, segue um texto com forte erotismo, ponto de partida de "Matamoros", prosa ficcional que será publicada doze anos mais tarde como parte do livro *Tu não te moves de ti*.

*O verdugo* foi escrito em 1969 e, no mesmo ano, recebeu o prêmio Anchieta – escolhido pelo júri composto por Antonio Abujamra, Gianni Ratto e Ivo Zanini. Estreou em 1972, na Universidade Estadual de Londrina, sob a direção de Nitis Jacon e, em 1973, foi montado pelo diretor Rofran Fernandes, que introduziu acréscimos ao texto original e deu ao espetáculo nova concepção cênica. Conta a história do carrasco que se recusa a matar o Homem, um agitador inocente, condenado pelos Juízes e amado por seu povo. Temendo reações contrárias, os Juízes tentam – em vão – subornar o verdugo para que este realize a tarefa o mais rápido possível. Apenas o jovem filho entende a recusa do pai. A mulher, ao contrário, aceita a oferta em dinheiro e toma o lugar do marido ao pé do patíbulo, com a concordância da filha e do genro. No final, o verdugo reaparece, desmascara a mulher e conta ao povo o que se passara após sua decisão. O povo reage violentamente matando a pauladas o carrasco e o Homem. O filho sobrevive e foge com os Homens-coiotes, símbolos de resistência. O texto revela a identificação de Hilda com o escritor sueco e prêmio Nobel de 1951, Pär Lagerkvist, autor de *Barrabás* e do conto "O verdugo" (1933), um libelo contra as ditaduras europeias de então. No drama sueco, o carrasco se revolta diante do Criador, questionando-o por tolerar uma profissão em que se vive "em meio ao sangue e ao terror". Em 1970, Hilda Hilst anunciará em seu conto "O unicórnio": "Eu gostaria de escrever como o Pär Lagerkvist".

Em *A morte do patriarca* (1969) podemos reconhecer o humor ácido e o tom de escárnio de Hilda. Um Demônio com "rabo elegante" e de modos finos discute os dogmas da religião e o destino humano com Anjos, o Cardeal e o Monsenhor, ante a visão dos bustos de Marx, Mao, Lênin e Ulisses, de uma enorme estátua de Cristo e da tentativa do Monsenhor de colocar asas na escultura de um pássaro. O Demônio seduzirá o Cardeal a tomar o lugar do Papa; posteriormente, o próprio Papa será morto pelo povo. Em entrevista dos anos 1990, Hilda dirá que, ao contrário do que imaginava, nunca houve período em que o homem teria visto supridas suas necessidades básicas, como comer e fazer sexo. "Os contemporâneos não prepararam o caminho do homem para a ociosidade" – etapa necessária, segundo ela, para que este "passe a pensar" e ganhe a perdida "vitalidade álmica".

O ambiente do colégio religioso, recorrente na obra da autora, aparece em *O rato no muro* (1967) ainda mais estreito. Tudo se passa numa capela, onde a Superiora está cercada por nove irmãs, identificadas pelas letras de A a I. Ajoelhadas e ao lado de cada uma delas, o "chicote de três cordas". Cada religiosa expressa visões diferentes a partir de pequenos abalos ao austero cotidiano do claustro. Irmã H (alter ego da autora) é a mais questionadora e lúcida. Tenta, em vão, mostrar às outras a necessidade de libertação – representada pelo desejo de ser o rato, único capaz de ultrapassar os limites do muro da opressão e do pensamento único. Em "O unicórnio", Hilda voltará ao tema, rememorando sua chegada ao colégio de freiras, em 1938, e os diálogos com irmãs e superioras.

Outro texto baseado em fatos reais é *Auto da barca de Camiri* (1968). Em julgamento encontramos o revolucionário argentino Ernesto Che Guevara, morto em Camiri, na Bolívia – ainda que seu nome não seja mencionado e que sua figura, na peça, seja confundida com a de Cristo. Sob a tensão permanente dos ruídos de metralhadora soando do lado de fora e com o auxílio do cheiro dos populares que desagradam os julgadores, Hilda introduz elementos grotescos e inovadores. A severidade da Lei é representada pelos juízes (mostrados de ceroulas antes de vestirem as togas com abundantes rendas nos decotes e mangas). Há também o Prelado e o Agente. A condenação já está decidida, a despeito do depoimento do Trapezista e do Passarinheiro, que, assim como os demais humildes, serão executados pelas metralhadoras. Um dado importante para o entendimento da obra hilstiana é a menção dos dois sentidos da palavra "escatologia" – tanto como doutrina do futuro quanto de excremento: "Sobre nossas cabeças enfim o que os homens tanto desejam: a matéria! [...] como um novo céu, a merda!". Em 2017, foi apresentada no Festival Latino-Americano de Teatro da Bahia, em Salvador, pela Universidade Livre do Teatro de Vila Velha.

*A empresa* (inicialmente *A possessa*) foi o seu texto de estreia na dramaturgia, em 1967. Uma crítica ao trabalho alienado, em que se busca mais a eficiência do que a criatividade. América é uma adolescente questionadora que se rebela contra a tradição representada pelo colégio religioso – e terá de prestar contas para o Monsenhor e o Superintendente. Esse inconformismo é medido por certos "termômetros psíquicos"

– no dizer de Anatol Rosenfeld, ou "robôs eletrônicos" (os personagens Eta e Dzveta) criados pela própria América e, depois, utilizados pela Instituição para conter as "asas do espírito" e a imaginação. Ou seja, os dirigentes do colégio/empresa impõem às Postulantes e a América um trabalho alienante, o que desencadeia a morte da protagonista.

*O novo sistema*, última peça escrita em 1968, volta ao tema da privação da liberdade e da criatividade por regimes totalitários. O personagem central do Menino, prodígio em Física, não se conformará com a execução dos dissidentes em praça pública nem com a opressão – desta vez exercida pela Ciência – à evolução espiritual do indivíduo. Assim como em *A empresa*, é evidente a afinidade com a literatura distópica de George Orwell e Aldous Huxley.

Foi com essa visão do homem angustiado – ora vítima, ora algoz, mas sempre preso às engrenagens de um sistema que o escraviza e o aliena – que Hilda construiu seu teatro. Mas como romper a dominação do homem pelo homem? A resposta em sua dramaturgia ecoará para toda a obra posterior: a busca do homem amoroso, generoso e pleno de bondade. Uma busca heroica e místico-religiosa, espécie de nostalgia da santidade, por isso as figuras de Che Guevara morto, do mártir Maximilian Kolbe e do próprio Cristo tantas vezes presente ou evocado.

Seus personagens "são homens diante de homens numa situação limite", em celas, porões, colégios religiosos, ao pé do patíbulo ou mesmo na praça onde amarram-se prisioneiros aos postes. Eles surgem cobertos pelas máscaras sociais que Hilda teimará em arrancar: o juiz, o carcereiro, o monsenhor, o papa, a madre superiora – verdadeiros inquisidores. Em contrapartida, o poeta, o estudante, o menino, a irmã H, o trapezista e tantas outras criaturas dotadas de almas e tolhidas – como pássaros em gaiolas – do seu verdadeiro voo.

## Sobre as peças

*Carlos Eduardo dos Santos Zago**

Um sistema autoritário e repressivo é representado em *O rato no muro* (1967). Para isso, a peça é ambientada em um convento isolado por rochas, muros e cercas, que impedem o convívio público dos seres que o habitam: dez freiras enclausuradas, cujos nomes são desconhecidos, passando a ser catalogadas por letras que variam de A a I e pela função hierárquica que assumem, como é o caso da irmã Superiora, representação direta do poder totalitário.

A garantia da alienação e do aprisionamento das nove freiras, por parte da líder, é alcançada graças à construção de um ambiente mítico, ou seja, a utilização de discursos, ritos e imagens que repõem modelos a serem seguidos. Dessa maneira, as irmãs são forçadas a repetir diariamente as mesmas práticas, compondo um coletivo alienado, que se deixa levar pelo embalo dos comandos ritualísticos. Em círculo, assumem um canto coral, enquanto confessam suas culpas, se autoflagelam e rezam em latim. Outros elementos que compõem tal atmosfera

---

* Carlos Eduardo dos Santos Zago é doutor em Literatura e Vida Social pela Unesp.

são o isolamento – que cria a distância social e uma confusão temporal, já que tudo parece remeter a um passado distante – e o apagamento das provas que comprovariam a passagem de seres revolucionários que estiveram na região do claustro, fato que investe tais figuras de características míticas, angelicais, ou seja: sem materialidade histórica.

O mito, entretanto, na modernidade, pode ser lido de forma dialética e emancipadora, ou seja, como compreensão do passado, questionamento do presente ou apontamento do porvir. Assim parece proceder a irmã H, primeiramente negando-se a participar do rito das culpas, quebrando o canto coral e instituindo o diálogo, por meio do qual ela e as outras freiras exercitam a intimidade e a subjetivação. Com isso, um olhar mais reflexivo para o mundo é conquistado, e os elementos do cotidiano ganham profundidade simbólica, capaz de indicar a libertação: o gato de estimação pode caminhar por onde desejar; as cordas do poço podem servir para escalar o muro e o rato, que nele aparece, pode ver além das barreiras. Contrárias ao diálogo permanecem a Superiora e a irmã D, continuação da força de mando. Seus dizeres seguem em uníssono, não se contrapõem.

Para concluir, a dupla possibilidade de leitura mítica parece se refletir na polissemia de algumas palavras – como *irmã*, que ora alude a freiras ora aos laços sanguíneos de I e H, e *corda*, que pode ser o objeto usado para escalar o muro, ou, em sentido figurado, aquilo que nos aprisiona: "Irmã G: O sangue tem cordas invisíveis" – mas também em elementos do enredo e da cenografia: o jogo de luz e sombra da cruz, duplicado em claro e escuro nas paredes brancas e manchadas; os planos que mostram o interior e o exterior da capela, o passado e o presente; a imagem do anjo pedida como vitral ou escultura, já que o ser mítico deve estar representado sem sua santidade; a imagem de "eles", ora como símbolo de liberdade ora como motivo alienante – "Irmã F: Nós nunca nos ouvimos... nunca. Porque sempre pensamos neles" –, ora anjos ora humanos: "Irmã C: Eles... sangravam"; e, por fim, a própria ideia de coletividade, ora alienadora, nos momentos rituais, ora força revolucionária.

O *Auto da barca de Camiri* (1968), assim como a peça anterior, cria distorções expressionistas. Lá podiam ser percebidas pelo jogo de luz e sombra e pelo exagero, pela tipificação e obsessão das personagens, que descobriam, em seus interiores, o mesmo processo aniquilador do sistema, como se os impedimentos autoritários estivessem refletidos na interioridade das irmãs, vide a alienação pela culpa. Logo, a peça de 1968 mantém a tipificação, mas a deformação também ocorre no cenário, em que tudo deve ser exagerado e grotesco, como informam as notas iniciais: cadeiras altíssimas, símbolos enormes de justiça, livros e papéis volumosos, togas com rendas abundantes.

Dessa forma, o ambiente sugerido mistura júri, igreja e circo, servindo como palco para o injusto julgamento de um líder popular revolucionário, cuja existência deve ser comprovada. A seu favor, discursam o Povo, o Trapezista, o Passarinheiro e o Prelado, que testemunharam sua materialidade, retirando-o do plano puramente mítico e fantasioso. Contrariamente, aparecem o Agente funerário e os Juízes, que exercem a lei em causa própria, subjugando os interesses populares e seu líder.

A peça, com isso, se dá como alegoria, misturando elementos, a princípio, díspares, e pode ser lida contrapondo mito e história. A própria imagem do acusado é formada por tal molde. O homem, já pelo título da peça, sugere Cristo – tema dos autos medievais – e Che Guevara, revolucionário morto na região bolivariana de Camiri, cujas fotos propagadas na mídia lembram imagens do mártir religioso – confusão potencializada no auto hilstiano ao serem pedidas projeções de obras de Ticiano.

Por fim, ao encenar a morte e o julgamento injusto de um líder popular em Camiri, o contexto da ditadura civil-militar brasileira é sugerido. Entretanto, como a peça é alegórica e composta por diferentes elementos e formas teatrais, capazes de revelá-la como artifício, como construção estética – vide as trocas de figurino em cena, os discursos comentados e entrecortados por músicas e ruídos de metralhadora e os diálogos com o público –, sua leitura não se fecha, podendo ser reatualizada em diversos contextos de exceção.

# O RATO NO MURO
(1967)

# Cenário

Interior de uma capela. Paredes brancas com algumas manchas negras, como as de um incêndio. Ao fundo, uma cruz enorme, negra. No chão, a sombra de uma cruz luminosa onde as mulheres se movem. Um vitral, ou uma grande escultura representando a figura de um anjo, talvez semelhante ao *Anjo velho* de Odilon Redon, ou um anjo que dê a impressão do que nos fala Marcel Brion: "Que reste-t-il à un ange qui a perdu jeunesse et beauté, attributs de son angelisme? Ses ailes sont incapables de le soulever et de le ramener vers le ciel, l'ange déchu est déjà envahi par la banalité, la laideur, la médiocrité".

O cenário deve ter dois planos. É preciso que se veja o interior da capela e, ao mesmo tempo, em certos momentos, uma cerca que estaria a alguns metros de um muro que jamais se vê.

Na capela, alguns castiçais, um banco e uma pequena janela.

As freiras estão em círculo, ajoelhadas e, ao lado de cada uma, um pequeno chicote de três cordas.

A Superiora está de pé, afastada das outras.

## Personagens

**Irmã Superiora**

**Irmã A**: Tem os olhos arregalados.

**Irmã B**

**Irmã C**: Tem manchas de sangue na roupa.

**Irmã D**

**Irmã E**

**Irmã F**

**Irmã G**: Muito velha. Come o tempo inteiro. Mastiga.

**Irmã H**

**Irmã I**: Irmã de sangue da Irmã H.

As nove freiras juntas: Nós somos um. Nós somos apenas um. Um só rosto. Um. (*pausa*)

As nove freiras juntas (*tom salmódico*): De todas as nossas culpas, perdoai-nos. De todas as nossas culpas, salvai-nos. De todas as nossas culpas, esquecei-vos.

Superiora (*tom objetivo e severo*): Hein? Como disseram?

As nove freiras juntas (*tom cantado e agudo, em tensão crescente*): Tentai esquecer-vos, Senhor. De todas as nossas culpas, entristecei-vos.

Superiora: Hein? Como disseram?

As nove freiras juntas (*tom mais agudo, tensão crescente*): Alegrai-vos, para que nós nos esqueçamos de todas as nossas culpas.

Superiora: São muitas?

As nove freiras juntas (*tom cantante, destacando as sílabas*): Muitíssimas.

Superiora (*tom objetivo e severo*): Quantas?

As nove freiras juntas (*tom ainda cantante mas separando as sílabas no ritmo de um relógio*): Tan... tas. Tan... tas. Tan... tas.

Superiora: De "A" a "I"?

As nove freiras juntas (*tom cantante esticado*): Ai, sim... Ai, sim... A... I... A... I.

Superiora (*bate palmas três vezes*): Irmã A. Diga uma delas. Uma de suas culpas de hoje.

Irmã A (*levantando-se*): Hoje eu olhei para o alto. Havia sol. Eu me alegrei.

Superiora: Irmã B.

Irmã B (*levantando-se*): Hoje eu olhei para baixo. Havia só terra e sombra. Eu me entristeci.

Superiora: Irmã C.

Irmã C (*levantando-se*): Hoje eu olhei para dentro de mim. Havia sangue. Eu tive medo.

Superiora: Irmã D.

Irmã D (*displicente*): Hoje o gato me arranhou. Eu o matei, com aquele veneno para cupins.

Irmã E (*angustiadíssima*): Você o matou! Você o matou!

Superiora (*tom muito severo*): Irmã E!

Irmã E (*angustiada*): Hoje eu não tive para quem dar o meu pão, nem o leite. Ah, procurei-o tanto, procurei-o tanto! (*seca*) E por isso me esqueci de plantar os girassóis na cerca. (*chora*)

Superiora: Basta. Irmã F.

Irmã F: Hoje o dia foi tão longo... Olhei o pássaro que pousou na janela. Tive vontade de ser.

Superiora: Irmã G.

Irmã G (*muito velha*): Ah, não sei, não sei. Vivi pensando, em comer, como sempre. É uma coisa do meu ventre. É doença.

Superiora: É culpa. É culpa. Irmã H.

Irmã H (*grave*): Hoje não tenho queixa de mim.

As nove freiras juntas (*cansadas*): Oh novamente! Oh novamente!

Superiora: Cht. Pense. Pense.

Irmã H: Já pensei tanto. Não consigo encontrar.

*As freiras entreolham-se e cochicham.*

Superiora: Cht. (*Para H. Apontando o banco*) Ajoelhe-se lá. E pense. (*a Irmã H encaminha-se para o lugar indicado*) Irmã I.

Irmã I (*tom angustiado*): Eu pensei na minha pobre irmã o tempo todo. Queria que todas as minhas culpas não fossem minhas e sim... dela. Ela vai se lembrar. Ela vai se lembrar!

SUPERIORA (*muito severa*): Irmã I! Diga uma de suas culpas de hoje. Não foi o que lhe ordenei?

IRMÃ I (*quase refeita*): De tanto pensar nela... (*abaixando a voz*) e neles... não lavei o pátio, como devia. E depois, a senhora quer saber? Aquelas manchas onde eles pisaram, nunca saem.

SUPERIORA (*severíssima*): Basta, basta. (*bate palmas três vezes. As freiras começam a cantar*)

AS FREIRAS JUNTAS (*menos a Irmã H*): Dominus vobiscum...

SUPERIORA (*tom objetivo. Rápido*): Et cum spiritu tuo.

O *Dominus Vobiscum* é repetido três vezes, sempre mais intenso, tons agudos. O tom da Superiora não é cantante. É sempre rápido e grave. Depois do *Dominus* a Superiora bate palmas uma vez.

AS FREIRAS JUNTAS (*menos a Irmã H e a Superiora. Tom crescente*): In nomine patris... (*chicoteiam-se uma vez nas costas*) Et filii... (*chicoteiam-se várias vezes, desencontradas*) Et spiritus sancti... (*chicoteiam-se*)

*As freiras repetirão o ritual três vezes. Na última vez o tom é agudíssimo. A Irmã H recua sempre mais, até ficar bem próxima à cruz. A Superiora, depois do canto, bate palmas novamente. E olha em desespero para H. As freiras levantam-se. Saem em fila. A Irmã H fica sozinha, examina febrilmente as manchas, o anjo. Para diante do anjo.*

IRMÃ H: Mas tu serás assim tão velho? E tão triste? E eu poderia ainda te cantar como um dia te cantei? Ah, se algum irmão de sangue, de poesia, mago de duplas cores no meu manto, testemunhou seu anjo em muitos cantos, eu, de alma tão sofrida de inocências, o meu não cantaria? E antes deste amor, que passeio entre sombras! Tantas luas ausentes e veladas fontes! Que asperezas de tato descobri nas coisas de contexto delicado. Andei, em direção oposta aos grandes ventos. Nos pássaros mais altos meu olhar de novo incandescia. Ah, fui sempre a das visões tardias! Desde sempre caminho entre dois mundos, mas a tua face é aquela onde me via... Mas, tu serás assim tão velho e tão triste? (*entra a Irmã I. Abraçam-se*)

IRMÃ I: Por favor, por que você não inventa, meu Deus, uma culpa qualquer, um pensamento tolo, qualquer coisa?

IRMÃ H: Mas eu não posso. Você não vê que eu não posso? Eu não sei o que inventar... E depois... Eu não consigo me esquecer... Deles, você não entende? Deles.

Irmã I: Mas o que adianta você se lembrar, nós nos lembrarmos? Eles se foram. Foram embora. Não há mais nada que fazer. Ficamos nós, neste lugar.

Irmã H: E havia o gato.

Irmã I: Ele morreu agora.

Irmã H: Tudo faz tão pouco tempo...

Irmã I: Faz muito tempo, meu Deus! Já faz muito tempo! Muito tempo.

Irmã H: E por que você acha que eles não podem voltar?

Irmã I: Porque é uma coisa evidente. Eles levaram todos. Você acha que não está bem claro? Que se nós ficamos era para ficarmos?

Irmã H: Mas para quê? Por quê? Não tem sentido algum.

Irmã I: Mas você pode afirmar isso? Deve haver um sentido.

Irmã H: Ah, aquele sol lá fora, só aquele sol.

Irmã I: Mas aqui tem uma árvore, tem água, tem alimento. Onde é que você quer ir?

**Irmã H:** Será que você não compreende? E se foi à toa que nós ficamos? Por nada, por nada. Por esquecimento talvez. Por nada.

**Irmã I:** Então você acha que é possível que eles tenham se esquecido de alguma coisa?

**Irmã H:** E por que não? (*aponta as manchas*) Olha, olha!

**Irmã I:** O quê?

**Irmã H:** As manchas.

**Irmã I:** São as manchas de sempre. Você sabe. Foi na noite.

**Irmã H:** Não são as mesmas. Elas crescem a cada dia. Você não vê?

**Irmã I:** Não, não vejo. Por que é que você insiste? (*pausa*)

**Irmã H:** Escuta, se o animal morreu, não teve sentido ele ter ficado.

**Irmã I:** Mas milhões de animais ficaram. Devem estar por aí. A gente é que não vê.

**Irmã H:** Mas se ele morreu... se ele havia ficado... se ele havia ficado, não podia morrer, você não compreende? Não tem sentido.

**Irmã I:** Mas que sentido você quer dar à vida de um gato?

**Irmã H:** E nós temos algum sentido?

**Irmã I:** Nós faremos sacrifícios.

**Irmã H:** Mas sacrifícios para quê? Não há mais para que, nem por que fazer sacrifícios. Então você mesma não disse que não há mais ninguém, ninguém? Só os animais.

**Irmã I:** Mas talvez me engane. Alguém certamente deve ter ficado, não é? E se fizermos tudo para não pensarmos mais nisso, hein? Por favor... por favor.

**Irmã H:** Você viu quanto tempo eles levaram... e quantos eram... o céu... coalhado... horas... horas... dias, dias, que noites! Haverá alguém além de nós? Alguém?

**Irmã I:** Talvez. Alguém sim.

**Irmã H:** E será por esse ou por essa que eu farei tanto sacrifício? Vem comigo, por favor. Vamos embora. Quem sabe se eles estão colhendo gente ainda e nós não vemos.

**Irmã I:** Ainda que haja uma só criatura, devemos ficar e rezar por ela. Não fizemos o nosso voto? E se eles estão na colheita ainda, virão até nós um dia. Uma noite.

**Irmã H** (*rude*): Você não quer me ajudar.

**Irmã I:** Mas você não poderá jamais sair daqui. Nem eu. Há o muro.

**Irmã H:** Tenho certeza que nós arranjaremos uma saída,

**Irmã I:** Uma saída? Você sabe que é impossível, você sabe que quem toma conta do muro é a Madre.

**Irmã H:** Mas ela dorme também, não é?

**Irmã I:** Dorme... Você chama aquilo de dormir? Você acha que quem toma conta do muro pode dormir? E além disso existe a cerca que ela mandou fazer. A cinco metros do muro.

**Irmã H:** Mas a cerca não é frágil?

**Irmã I:** Mas o muro é altíssimo. E nem tem porta.

**Irmã H:** Deve haver cordas. Nós acharemos cordas. As do poço!

**Irmã I:** Mas não vão até a metade do muro.

**Irmã H** (*rude*): Você mente. Mentira.

**Irmã I:** Mas por que você acha que eu minto?

**Irmã H:** Porque nenhum muro pode ser tão alto, nenhum poço tão pouco profundo. (*pausa*)

**Irmã I** (*aproximando-se da pequena janela*): Demorou tanto tempo, tanto tempo! E daqui, você pode ver as enormes feridas que ficaram nas montanhas de pedra. Venha. Olhe. O muro é tão alto, e as pedras são tão lisas. (*ouvem a porta abrir-se lentamente*) Olha, vem alguém. Não seria ela?

Irmã H: Não. E a nossa Irmãzinha G.

Irmã I: Ainda bem. Que alívio.

Irmã G: Irmangá! Irmangá!

Irmã H: Sim, estou aqui.

Irmã G: Pobrezinha! Sabe, eu pensei se a senhora não teria por acaso uma rosquinha... Ah, Irmã I, a senhora também está, eu compreendo, quer ajudar a Irmãzinha, não é? Não direi nada, nada, pode ficar sossegada, mas não tem uma rosquinha? Tenho tanta fome.

Irmã H: Não, não tenho.

Irmã G: Mas a senhora não disse que não teve para quem dar o seu pão e o seu leite? Antes era para o gato. Agora pode dar para mim. Ele morreu... foi maldade, mas ele morreu.

Irmã H: Mas não fui eu quem disse do leite e do pão... Alguém disse isso?

Irmã G (*tom cantante*): Ai... Aí... A... í... A... í. Sempre me confundo.

**Irmã I:** Sempre nos confundimos.

**Irmã G** (*tom cantante*): A, B, C, D, E... Ah, é isso mesmo, foi a Irmãzinha E, pobrezinha.

**Irmã I:** Quem sabe se a Irmã D, porque matou e está mais aliviada, não lhe conseguirá uma comidinha?

**Irmã H:** É isso mesmo. Tente.

**Irmã G:** A Irmã D? Deus me livre. Tenho muito medo. Ela põe sempre o veneno para cupins perto da nossa comida. Alguém menos avisado pode pensar que é mel. É da mesma cor... Mas não tem mesmo uma rosquinha?

**Irmã H:** Não, não tenho.

**Irmã I** (*severa*): Ela nunca mente.

**Irmã G:** Mas é verdade? Pode estar mentindo só para poder confessar uma culpa amanhã.

**Irmã I** (*severa*): Não, ela nunca mente.

**Irmã H:** Sinto muito, Irmã G, mas é verdade. Não tenho mesmo nada.

**Irmã G:** Está tão escuro aqui... Vamos acender mais algumas velas? (*acende duas ou três velas*) Bem... bem... (*aproxima o castiçal do rosto da Irmã H*) Oh... mas está tão pálida, pobrezinha.

**Irmã I:** Está cansada.

**Irmã G:** De tanto pensar (*olha para os lados, cautelosa*) neles, não é?

**Irmã H:** É verdade, não deixo de pensar neles, nunca.

**Irmã G:** Eu também os vi... e não sei se a senhora reparou.

**Irmã I e H:** O quê?

**Irmã G:** O hálito.

**Irmã I e H:** O hálito?

**Irmã G:** É... o que saía de dentro... era luminoso... quando eles moviam os lábios.

**Irmã I:** Eles moveram os lábios?

**Irmã H:** Não...

**Irmã G:** Sim, sim, moveram os lábios.

**Irmã H:** Mas quando?

**Irmã G:** Quando tocaram as pedras do muro.

**Irmã I:** Tocaram as pedras do muro?

**Irmã G:** Sim, sim, tocaram as pedras do muro.

**Irmã I e H:** Mas quando?

*Ouvem a porta abrir-se.*

**Irmã H:** Olhem... vem alguém.

**Irmã I:** Ó, meu Deus, outra vez.

**Irmã G** (*escondendo-se*): Eu não quero que ela me veja... Pode me deixar sem comer de pura maldade.

**Irmã H:** Não tenha medo, não é ela não, é a Irmã A.

**Irmã I:** Ainda bem, que alívio!

**Irmã G:** Uf, uf!

**Irmã A** (*os olhos muito abertos*): Estão aqui? Tem alguém aqui? Ah, estão, que bom... A Irmãzinha G também está?

**Irmã G:** Estou aqui, sim. Quer alguma coisa?

**Irmã A:** Ah, Irmãzinha, a minha vista, os meus olhos... Hoje de manhã havia sol e eu me alegrei, mas agora...

**Irmã H:** Agora já é noite.

**Irmã A:** Eu sei, eu sei, mas...

**Irmã G:** Mas você quer sempre o sol, não é?

**Irmã A:** A senhora me compreende bem. Não sei se é a memória que nos confunde, mas havia tanta luz onde eu nasci. Não sei se era tanta, tanta luz, porque depois... (*olha cautelosa para os lados*) deles, o que nós vemos ainda é luz? Primeiro me vêm à lembrança certas águas... o rio, o rio enorme da infância. Um sol que cegava todos. A mim, não. E muitos diziam: só ela é que não põe a mão sobre os olhos, um dia certamente ficará cega. Mas isso não aconteceu. Vejo perfeitamente, só que à noite os olhos doem. Eles precisam da luz do sol, e por isso, para não incomodá-los, fico assim de olhos bem abertos... sempre há alguma luz. Ao redor, não é mesmo? Talvez a Irmãzinha G tenha alguma coisa para mim.

Irmã G: Não tenho nada e nem consigo lembrar-me se tenho ou não, com essa fome que estou.

Irmã A: A senhora está com muita fome?

Irmã G: Muita, muita. Por quê? Tem alguma coisa aí. Procurem, procurem.

*As três freiras, A, I e H, procuram nos bolsos do hábito.*

Irmã I: Se eu tivesse... Mas não.

Irmã H: E eu não tenho nada mesmo.

Irmã A: A senhora tem sorte, pois agora me lembrei desta maçã. Tome.

Irmã G: Uma maçã? Verdade? E verdade... mas onde foi que descobriu?

**Irmã A:** Na cozinha... de repente. Estava um pouco escondida, perto...

**Irmã G** (*interrompe*): Perto do remédio dos cupins?

**Irmã I:** Mas que ideia fixa, Irmã G.

**Irmã H:** O remédio dos cupins é para os cupins.

**Irmã G:** E para o gato também...

**Irmã A:** Mas a senhora não é cupim nem gato. Coma, coma.

**Irmã G:** Tenho tanto medo... A Irmã D não terá posto o remédio na maçã?

**Irmã H:** Meu Deus, desde Adão que não vejo tanto medo de maçã!

**Irmã I:** Aqui, nós todas temos muito medo.

**Irmã A:** Deles?

**Irmã G:** Não, da Madre.

**Irmã A:** Deles eu não tive medo nenhum.

**Irmã H:** A senhora os viu bem?

**Irmã A:** Como poderia deixar de vê-los?

**Irmã I:** Mas viu assim? Os olhos tão abertos?

**Irmã A:** Ah, nunca meus olhos se alegraram tanto.

Irmã G (*sempre comendo*): Sabe que eu não vi exatamente quando eles chegaram, mas depois, quando tocaram o muro... aí eu vi bem.

Irmã A: É verdade, tocaram o muro.

Irmã H: Mas eu não vi, eu não vi!

Irmã I: Nem eu.

Irmã A: Não é possível. Acho que todas viram.

Irmã G: Eu não disse? Tocaram sim.

Irmã A: E moveram os lábios.

Irmã G: Eu não disse?

Irmã A: E de dentro da boca saía uma corda de luz.

Irmã G: Não sei se era uma corda mas era bem luminoso.

Irmã H: Mas por que será que eles tocaram o muro?

Irmã A: Ah, isso eu não sei.

Irmã I: Ninguém sabe.

Irmã G: Acho que era para ver como era.

Irmã H: O tato.

Irmã I: A temperatura.

Irmã A: Da pedra?

**Irmã G:** Se você estivesse no mundo deles, também não gostaria de tocar o muro deles? (*a porta abre-se violentamente*) Ai, quem é? Que foi? O que foi? (*esconde-se*)

**Irmã I:** É você?

**Irmã B:** Sou eu mesma sim, o que foi?

**Irmã G** (*saindo de onde estava*): Quem é? Quem é?

**Irmã H:** É a Irmã B.

**Irmã A:** Precisava fazer assim? Tanto barulho?

**Irmã B:** Precisava.

**Irmã G:** Por quê?

**Irmã B:** Para vencer o medo.

**Irmã H:** Você também tem medo?

**Irmã B:** Sim, eu também tenho medo.

**Irmã A:** E por que...

**Irmã B** (*interrompe*): Porque hoje eu vi terra e sombra. Foi junto do muro.

**Irmã A:** Junto do muro?

**Irmã H:** Você chegou até o muro?

**Irmã B:** Não. Agora existe a cerca. Mas havia a sombra do muro. É quase a mesma coisa. E perto da cerca a terra estava revolvida.

**Irmã G:** É por causa dos girassóis que serão plantados amanhã. Você tem alguma coisa aí? (procura nos bolsos da Irmã B)

**Irmã B:** Os girassóis... Isso se a nossa Irmã não continuar a procurar o gato.

**Irmã H:** Quem?

**Irmã G:** Vocês sempre se esquecem... a Irmã E.

**Irmã B:** Os girassóis precisam ser plantados logo.

**Todas** (*menos a Irmã G*): Por quê?

**Irmã B:** Para não se ver o muro.

**Irmã I:** Imagine se os girassóis vão cobrir o muro!

**Irmã H:** Que tolice! (*ri*)

**Irmã A:** Que engraçado! (*ri muito*)

**Irmã B:** Parece uma conversa sem sentido.

**Irmã G:** Procurem outra vez nos bolsos alguma coisa para mim.

**Irmã B:** Não cobrirão o muro mas a gente se esquecerá dele.

**Irmã H:** E por que você acha que é preciso esquecer o muro?

**Irmã G** (*para a Irmã B*): Não tem mesmo nada? Você não procurou direito.

**Irmã B** (*procurando*): Então vocês não perceberam?

**Todas** (*menos a Irmã G, que tenta revistar uma por uma*): O quê?

**Irmã B**: Que ela quer que a gente esqueça do muro?

**Todas** (*menos a Irmã G*): Por quê?

**Irmã G**: Esperem um pouco, antes de discutirem sobre isso, ninguém tem mesmo nada para mim?

**Irmã B**: Tenho as balas que a Irmã D fez para comemorar a morte do gato. (*tira muitas balas do bolso do hábito, enroladas em papel colorido*)

**Irmã G**: Hum... Tenho tanto medo... mas deixa ver.

**Irmã B**: Parecem boas. Pode ficar com todas.

**Irmã G**: Não tenho confiança mas... muito obrigada coitadinha.

**Irmã H** (*para a Irmã B*): Diga de uma vez porque é que ela quer que a gente se esqueça do muro.

**Todas**: Diga, diga.

**Irmã B**: Mas é tão claro! Antes... quando (*olha para os lados*) eles ainda não tinham vindo, a gente quase encostava no muro, na hora da meditação e da leitura. Agora, se você vai só até a cerca, ela pede para que se afaste.

**Irmã I:** Ela pediu isso para você?

**Irmã B:** Pediu. Foi à tardinha. Fui ver se as covas eram suficientes para os girassóis e estava lá examinando quando ela disse:

*Aparecem a Superiora e a Irmã B, destacadas junto à cerca.*

**Superiora:** Afaste-se daí.

**Irmã B:** Vim ver os girassóis.

**Superiora:** Mas não há girassóis.

**Irmã B:** Eu sei. Mas vim ver se as covas estão prontas para os girassóis.

**Superiora:** Isso não é o seu trabalho.

**Irmã B:** Mas mesmo assim, o que é que tem, Madre? Sempre gostei tanto de ajudar.

**Superiora:** Ajude-se a si mesmo. Olhe cada vez mais para baixo, mas não neste lugar.

**Irmã B:** E será que eu posso perguntar por quê?

**Superiora:** Não deveria, mas posso responder: se ficar por perto, terá vontade de colher as sementes dos girassóis quando eles crescerem.

**Irmã B:** E isso teria muita importância, Madre?

**Superiora:** Lógico. Olhando para o alto, na hora de colher as sementes, você veria o muro.

**Irmã B:** Nós sempre veremos o muro, Madre. De qualquer lado que se olhe... E mesmo se eu não colher as sementes, a outra Irmã há de fazê-lo. A Irmã E. Ela verá o muro.

**Superiora:** A Irmã E só sabe ver o gato.

**Irmã B:** Mas o gato morreu hoje de manhã.

**Superiora:** Mas ela continuará a procurá-lo sempre. Nunca viu nada além do gato. E basta. Afaste-se daí. (*some*)

*Plano de capela.*

**Irmã H:** E por que seria?

**Irmã B:** Porque eles tocaram o muro, não será?

**Irmã A:** Ah, você também viu?

**Irmã G:** Todas viram.

**Irmã H e I:** Nós não.

**Irmã G:** E porque vocês duas só veem a si mesmas... e o gesto do outro fica inútil... invisível.

**Irmã H:** Mas nós duas vimos os seres, não foi, minha irmãzinha?

**Irmã B:** Mas não perto do muro.

**Irmã H:** É. Isso não.

**Irmã I:** E por que seria?

**Irmã A** (*para a Irmã I*): Talvez porque para a senhora o muro é maior do que devia?

**Irmã H:** E para mim? Não perco jamais a esperança, já disse... se houvesse cordas...

Irmã G: Ainda que as houvesse...

**Irmã H:** Por quê? Por que a senhora fala assim? Não vê que eu sofro? Que desejo tanto ir além do que me prende?

**Irmã A** (*para a Irmã H*): E a senhora iria... (*aponta para a Irmã I*) sem ela? (*Irmã H abaixa a cabeça*)

**Irmã G:** O sangue tem cordas invisíveis.

*Ouvem a porta abrir-se.*

**Irmã I:** Cht! Cht!

**Irmã G** (*escondendo-se*): Não posso comer em paz com esse entra e sai.

**Todas juntas:** Irmã C! (*suspiram aliviadas*)

*Irmã G sai de onde se escondeu.*

**Irmã C** (*gemendo*): Ai. Ai. Ai.

**Irmã B:** Meu Deus, ela está cheia de sangue.

**Todas juntas:** Sangue!

**Irmã C:** Estou sempre assim. É todos os dias a mesma coisa na hora da confissão e do castigo.

**Irmã H:** Não. O que a senhora diz é:

**Todas juntas:** Hoje olhei para dentro de mim. Havia sangue. Tive medo.

**Irmã I:** E, se é por dentro, como saberemos nós?

**Irmã C:** Mas é a mesma coisa. Então não veem?

**Irmã H:** Imagine... as nossas coisas de dentro são tão complicadas.

**Irmã A:** Milhares de ramificações.

**Irmã I:** Às vezes até sem sentido.

**Irmã C:** Nunca!

**Irmã A:** A luz, o sol é que nos faz ser assim como somos.

**Irmã C:** Aquela luz me fez mal... Quando (*olha para os lados*) eles vieram na noite, foi minha noite pior.

**Irmã H:** Todas viram então. Menos a Madre. Por que seria?

**Irmã I:** Quando nós queremos falar nisso, ela sempre diz: "Eles já se foram, basta!".

**Irmã C:** Aquela noite, tudo em mim pedia complacência.

**Irmã G:** E eu tinha muito menos fome, muito menos, lembro-me perfeitamente, porque isso é quase impossível em mim.

**Irmã A:** E sabem? Quando fechei os olhos naquela noite, não senti muita dor.

**Irmã B:** Engraçado... e eu, antes deles aparecerem estava justamente pensando que não era só terra e sombra o que existia. Mais fundo, mais fundo... existia outra coisa. A terra não é só o que se vê. Mas eu não sei como chamar isso que eu sentia.

**Irmã I:** Seria fadiga?

**Irmã C:** Será que nós estávamos tão fatigadas e por isso é que vimos?

**Irmã H:** Nunca! Eles deixaram as manchas... aqui. (*aponta a parede*)

**Irmã I:** E no pátio!

**Irmã B:** Eles tocaram o muro.

**Irmã A:** Moveram os lábios.

**Irmã G:** Tinham o hálito luminoso.

**Irmã C:** Eles... sangravam.

**Todas juntas:** Sangravam?!

Irmã C: Sim! Essas manchas na parede e aquelas outras no pátio são manchas de sangue.

Irmã H (*em pânico*): Mas não é possível... são tão escuras.

*Todas tocam as manchas vagarosamente, menos a Irmã G.*

Irmã G: É que já faz muito tempo. É bem possível que sejam de sangue. Vocês acham que eles tocariam o muro impunemente?

Irmã I: (*examinando as manchas*): De sangue?

Irmã I: De sangue?

Irmã C (*tentando alcançar uma mancha mais alta na parede e raspando-a com a unha*): Olhem, se vocês rasparem assim, elas ficam mais claras.

Irmã A: Deixa ver.

Irmã B: É sim. Raspando é vermelho vivo, olhem, venha ver, Irmãzinha G.

Irmã G: Eu já sei, eu já sei.

Irmã H: A senhora já sabia que as manchas eram de sangue?

Irmã A: Sabia nada. Ela nem tem memória.

Irmã I: Será que todas são assim? Por dentro, vermelho vivo?

Irmã C: São todas iguais.

Irmã H (*enjoada*): Sangue.

Irmã I: (*para H*): A nossa mãe me disse uma vez que quando você nasceu, foi difícil limpar o teu rosto... estava cheio de sangue.

Irmã H (enjoada): Você nunca me disse isso.

Irmã A: Sai sangue quando as crianças nascem?

Irmã B: Lógico. Sai sangue... muito.

Irmã A (*olhando-se e olhando as manchas com horror*): Não...

Irmã H (*para a Irmã I*): E depois? Depois de limparem o meu rosto?

Irmã I (*sorrindo*): Limparam sim. Mas você chorou tanto.

Irmã A: Ela não queria que a limpassem?

Irmã C: Ela queria crescer cheia de sangue.

Irmã I: Ela fechava as mãozinhas e parecia pedir: "Me deixem assim, me deixem assim".

Irmã G: É sempre muito difícil a gente se limpar.

Irmã H: Mas não era eu que me limpava.

Irmã G: Mas é sempre muito difícil. Muito.

Todas: Por quê?

**Irmã G:** Porque é inútil querer desfazer-se de todas as culpas.

**Irmã H:** Não fale assim.

**Irmã G:** Não é preciso carregá-las... sempre. E como alguém que está habituado a cada dia com seu feixe de lenha sobre os ombros. Experimente tirar. Esse alguém andará sempre curvado.

**Irmã B:** Nada disso é verdade. Ela não tem memória.

**Irmã C:** Ela só tem fome. Vocês não veem?

**Irmã A** (*voz baixa*): Ela já está aqui há quinhentos anos.

**Irmã G:** Eu sempre estive aqui. E sempre tive essa fome.

**Irmã I** (*rindo*): Ela tem bons ouvidos.

*Todas riem.*

**Irmã G:** Eu vi muitas iguais a vocês. Algumas... se tocavam, assim, assim, como se fosse possível descobrir pelo tato as invasões do tempo. E outras choravam. Uma chegou a dizer: "Eu vou matar esse meu corpo que só conhece a treva". E por aqui, no pescoço, ela ficou negra.

**Irmã H:** Por quê?

**Irmã G:** Porque ela quis conhecer o seu próprio desgosto. E é sempre aqui (*passa a mão no pescoço*), nessa faixa do medo, que a palavra tenta explicar-se e sair.

**Irmã I:** Ela falava?

**Irmã G:** Falava e chorava muito. Aqui na capela ela discursava. E tudo o que ela falou eu agora tento engolir.

**Irmã C:** Como é difícil entender o que ela diz. (*ouve-se um ruído*) O que é?

**Irmã I:** Você também ouviu?

**Irmã G:** Talvez seja um rato.

**Irmã A:** Não é ninguém.

**Irmã H** (*dirigindo-se à janela*): Eu não entendo por que temos tanto medo que ela venha até aqui. Da janela podemos ver o que se passa lá, perto do muro... olhem... ela já está lá! E conversa com a Irmã D.

**Irmã A:** Com a Irmãzinha que matou o gato?

**Irmã B** (*dirigindo-se à janela*): É mesmo! O que será que elas dizem?

*Luz violenta sobre a Superiora e a Irmã D, junto à cerca.*

**Superiora** (*para a Irmã D*): Você fez bem em matá-lo. Ele movia-se com muita liberdade. Mas eu nunca posso dizer essas coisas diante das outras.

**Irmã D:** Elas têm esperança. E a eterna vontade de falar sempre neles.

**Superiora:** Que estória... A noite toda passam acordadas por causa disso. Estão na capela como todas as noites e imaginam que eu não sei. (*olha para cima, para a capela*)

*As outras afastam-se da janela rapidamente. Superiora e Irmã D somem.*

**Irmã I:** Será que elas viram?

**Irmã C:** Nem pense nisso. Elas só pensam em tomar conta do muro.

**Irmã H:** A Irmã D também?

**Irmã I:** Não.

**Irmã A:** Não.

**Irmã B:** Não.

**Irmã C:** Sim, a Irmã D também. Vocês não estão vendo? Vocês não sabiam?

**Irmãs H, I, A, B:** O quê?

**Irmã C:** Que ela também toma conta do muro?

**Irmãs H, I, A, B**: Mas por quê? (*indo à janela novamente*)

**Irmã C**: Porque ela matou o gato!

**Irmã H**: Que estranho. O que tem uma coisa a ver com a outra?

**Irmã C**: Não é nada estranho. Uma matou o gato, a outra nos sufoca até... até... Em breve, serão cúmplices. Então.

*Todas voltam à janela, menos a Irmã G. Luz violenta junto à cerca e sobre a Superiora e a Irmã D.*

**Superiora**: Ainda que elas consigam tocar o muro, não adianta.

**Irmã D**: Ainda que existam ótimas fotografias... deles.

**Superiora**: E relatórios.

**Irmã D**: E monografias.

**Superiora**: E estatísticas convincentes.

**Irmã D**: Auditórios repletos.

**Superiora**: Conferências.

**Irmã D**: Pesquisas.

**Superiora**: Trocas.

**Irmã D**: De órgãos vitais.

**Superiora:** Substanciosas.

**Irmã D** (*apontando a cabeça*): O tálamo, o hipotálamo.

**Superiora:** Devassado.

**Irmã D:** Compreendido.

**Superiora** (*aponta a cabeça*): A zona de silêncio.

**Irmã D:** Distendida, dissecada.

**Superiora:** Aproveitada...

**Irmã D:** Em mil tarefas exatas...

**Superiora:** Ainda assim.

**Irmã D:** Não adiantaria...

**Superiora:** Um outro muro maior se ergueria.

*Somem.*

**Irmã G:** Olhe um rato.

**Irmã H:** Onde?

**Irmã G:** Lá, lá... agora escondeu-se. (*pausa*) Dizem que o rato tem dois tons.

**Irmã A:** Dois tons? Como é isso?

**Irmã G:** Um é sobre a pele, escuro e modulado, conforme suas heranças e seu patriarcado.

**Irmã H:** Às vezes é branco.

**Irmã I:** Ah, isso é raro.

**Irmã G:** Mas nem tanto... Se a senhora quiser ver um rato branco, procure na limpeza. Homens do mesmo tom descobrem as suas vísceras com tais delicadezas, que é preciso parar para espiar tanta pesquisa e sutileza.

**Irmã B:** Então é o rato que ajuda o homem a ser mais homem?

**Irmã C:** Ou menos realeza. (*pausa*)

**Irmã H** (*pensando*): O rato tem dois tons?

**Irmã G:** Um outro mais fundo: uma ânsia de ser vertical e agudo. A senhora nunca viu um rato sobre o muro... naquela pedra lisa?

**Irmã I:** Não... mas talvez fosse porque havia o gato.

**Irmã G:** Nem por isso... E se o rato chegasse até lá, na manhã ou no escuro, não poderia libertar-se?

**Irmã A:** De qualquer forma, não seria sempre um rato?

**Irmã G:** Seria um rato sobre um muro. Olhando para o alto, pode ver o mais fundo.

**Irmã C:** E olhando para baixo.

Irmã G: Você quer dizer para dentro de si mesmo?

Irmã C: Assim como eu tenho feito sempre.

Irmã G: Pode ver sangue. Mas no alto, saberá resistir.

Irmã B (*repensando*): De qualquer forma, ser rato é: primeiro: sendo branco, ficar entre as tramas de alguns homens de branco.

Irmã H: Segundo: ser escuro e modulado conforme suas heranças e seu patriarcado, mas tentar subir, subir sempre. (*sorrindo*) Imaginar que é homem e nunca desistir.

Irmãs I, A, B, C (*fazendo um gesto vertical, com a mão distendida*): Assim?

Irmã G: Sem limites.

Irmã I (*na janela*): Devíamos ter pensado nisso antes. Muito antes.

Irmã A: No quê? No rato?

Irmã I: Não. Em olhar pela janela e sossegar. Tivemos tanto sobressalto quando era tão simples olhar.

Irmã G: Parece simples... parece simples.

Irmã H (*olhando o anjo*): Eles eram quase assim.

Irmã G: Mas de hálito luminoso.

**Irmã A:** Como uma corda.

**Irmã B:** E tocaram o muro.

**Irmã G:** E moviam os lábios.

**Irmã C:** E sangravam.

*Entra a Irmã F, vagarosamente.*

**Irmã F:** Fiquei sozinha durante muito tempo.

**Irmã A:** E por que não veio antes? Você sabe que nós estamos sempre aqui.

**Irmã F:** Fiquei olhando o pássaro que pousou na janela.

**Irmã I:** Mas até agora?

**Irmã F:** Sim.

**Irmã B:** Não pode ser. Já é tão tarde.

**Irmã F:** Ele está sempre lá. Vocês é que não veem.

**Irmã C:** Mas não foi só hoje que você confessou essa culpa?

**Irmã F:** Só hoje? Imagine! Eu digo isso todos os dias. Vocês é que não me ouvem.

**Irmã G:** Mas isso pode ser? Será assim?

**Todas juntas:** Não, não pode ser.

**Irmã H:** Só hoje é que você confessou.

**Todas juntas:** O dia foi tão longo. Fiquei olhando o pássaro que pousou na janela. Tive vontade de ser.

**Irmã F:** Nós nunca nos ouvimos... nunca. Porque sempre pensamos... neles.

**Irmã C:** Neles... e no rato.

**Irmã F:** Um rato esteve aqui?

**Irmã B:** Esteve mas não deixou vestígios.

**Irmã:** E nós deixaremos algum vestígio, um dia?

**Irmã H:** Deixaremos uma testemunha?

**Irmã G** (*deixando de comer pela primeira vez*): Sim, esta: a cruz. (*pausa*) Sabem o que Ele disse um pouco antes de ser crucificado?

**Todas juntas:** "Ó, sagrada cruz! Ergue-me a ti, sagrada cruz. Eles hão de me crucificar sobre ti e tu serás a minha testemunha. Toma-me. Não chores, mas alegra-te. Tu levarás a coroa do meu reino".

*Entram a Irmã Superiora e a Irmã D carregando um pequeno caixão como de uma criança. Branco.*

**Todas juntas:** Oh!

**Superiora:** Ela se matou. Não tinha mais para quem dar o seu pão e o seu leite.

**Irmã H:** Mas ela está aí? Nesse caixãozinho?

**Superiora:** Ela era uma mulher-criança. E as mulheres-crianças ficam deste tamanho quando morrem.

**Irmã A:** E ainda existe alguém que se mata por causa de um gato? Que se mata?

**Superiora:** É evidente, se ela está morta.

**Irmã C:** E não seria por outra coisa? Talvez pelas próprias culpas? Pelas próprias culpas?

**Irmã H** (*em aflição*): Não fale assim, não fale assim, meu Deus, nós temos que chegar até o muro. (*vai até a janela*) Olhem, olhem aquela ferida enorme nas montanhas de pedra... Tudo isso não deve ser em vão. Ninguém arranca as vísceras de uma montanha por nada.

**Irmã I:** Mas se arrancam as vísceras do rato, por que não arrancariam as da pedra?

**Superiora** (*para a Irmã D*): Eu não disse que elas ficam patéticas diante da morte?

**Irmã H** (*com firmeza*): Nós queremos chegar até o muro.

**Superiora:** Vocês sabem que é impossível.

**Irmã D:** É inútil, é inútil.

**Todas** (*menos a Irmã G e Irmã D*): Por quê?

**Superiora:** Porque sempre foi assim.

**Irmã D:** Sempre.

**Irmã B:** Não é verdade o que elas dizem. Nós podíamos quase encostar no muro, na hora da meditação e da leitura. Não é verdade?

**Superiora:** É verdade somente nessa hora. Mas assim mesmo vocês nunca chegaram muito perto. Por quê?

**Irmã B:** Não sei...

**Irmã H:** Vocês sabem?

**Irmã A:** Eu não.

**Irmã C:** Eu também não sei.

**Irmã F:** Nem eu.

**Irmã D** (*ri altíssimo*): Elas nem sabem o que querem. Chegaram tão perto...

**Superiora:** É porque o muro parece tão irreal agora que vocês o desejam.

**Irmã H:** A senhora quer nos confundir.

**Irmã G:** Nós nos confundimos sempre.

**Irmã C** (*referindo-se à Superiora*): Só quando ela está por perto. Temos medo.

**Superiora:** Vocês têm medo de mim?

**Irmã F:** Mas aos poucos perderemos.

**Superiora:** Vocês têm medo é disto. (*aponta o caixão*)

**Irmã I:** Imagine, eu posso até tocá-lo.

**Irmã A:** Eu também. E vocês?

**Irmã B, C e F:** Nós não temos medo. (*tocam o caixão*) Pronto.

**Irmã H:** Nem temos medo... deles.

**Superiora:** Deles, quem?

**Irmã H:** A senhora sabe muito bem. Os seres.

**Superiora:** Os estrangeiros?

**Irmã I:** Os que vieram na noite.

**Superiora:** Cada uma de vocês pensará sempre nessa possibilidade.

**Irmã H:** Que possibilidade?

**Superiora:** De chegar até o muro.

**Irmã A:** De subi-lo.

**Irmã B:** Transpô-lo.

**Irmã C:** Ver mais adiante.

**Irmã D:** É inútil. É inútil.

Irmã F (*vibra as mãos como se fossem asas, cada vez mais alto*): Como um pássaro... Como um pássaro!

Irmã H: É preciso que nós façamos tudo na noite. A noite é sempre melhor para essas empresas.

Irmã I (*olhando pela janela*): Lua... baça.

Irmã H (*em aflição*): O quê?

Irmã I: Lua... baça.

Irmã H (*indo rapidamente até a janela*): Apenas uma névoa. Vamos.

Superiora: E se eu disser a vocês que isso é impossível?

Irmã B: Nós temos força. Somos em maior número.

Irmã A: Todos esses ritos, todos os dias... sempre na sombra.

Irmã C: E eu estou cansada de sangrar.

Irmã F: Como um pássaro... como um pássaro!

Irmã G: Eu não me canso de comer. É uma coisa do ventre. É doença.

Superiora: É culpa.

*Todas voltam-se para a Superiora.*

Irmãs **A, B, C** e **F** (*vagarosamente*): Tan... tas, tan... tas, tan... tas...

Superiora: E de que espécie?

Irmãs **A, B, C** e **F** (*tom cantante. Tensão. Destacando as sílabas*): Múltiplas.

*Irmã H desespera-se, faz gestos para que não continuem.*

Superiora (*tom crescente*): De A a I?

Irmãs **A, B, C** e **F** (*tom cantante, crescente. Tensão*): Ai... Sim... Aaaaíííí... A... í.

Irmã **H**: Parem! Parem! Vocês não veem que ela está tentando nos deixar sem resposta? Que quando ela fala na culpa nós pensamos no tempo? E que diante dela nós nos comportamos como um brinquedo de corda? Que estamos fartas de ficar diante da morte e da renúncia?

Irmã **G**: Olhe o rato.

Superiora (*para a Irmã H. Severa*): O rato é você. (*tom crescente, procurando tensão*) Que deseja subir e ver.

Irmã **D**: No entanto, no entanto.

Superiora: Ainda que tu subisses...

Irmã **D**: Aquela pedra lisa...

**Superiora:** E assistisses...

**Irmã D:** Ao mais fundo, ao mais alegre.

**Superiora:** O mais triste...

**Irmã D:** Ainda que tocasses...

**Superiora:** Aquela pedra rara...

**Irmã D:** E deixasses o vestígio...

**Superiora:** De uma mancha...

**Irmã D:** Escura ou clara...

**Superiora e Irmã D:** Ainda... ainda.

**Superiora:** Não seria suficiente.

**Irmã D:** Para o teu desejo de ser mais.

**Superiora:** E mais, e mais... (*apontando a Irmã G*) como a tua vontade enorme de comer!

**Irmã G** (*tom cantante*): Oh, Senhor de todas as nossas culpas, entristecei-vos.

**Superiora:** Hein? Como disseram?

**Irmã H:** Não respondam, por favor, não respondam!

**Todas** (*Menos a Irmã H. Tom agudo*): Alegrai-vos, para que nós não nos esqueçamos de todas as nossas culpas.

**Irmã H:** Parem pelo amor de Deus, parem!

**Superiora:** São muitas?

**Todas juntas** (*menos a Irmã H. Tom cantante*): Muitíssimas...

**Superiora:** Quantas?

**Irmã H:** Não, não continuem! (*repetindo "PAREM" até a exaustão*)

**Todas** (*diversos tons*): Tan... tas, tan... tas, tan... tas.

*Irmã H aproxima-se da Irmã I, agarra-a sempre repetindo "PAREM". Rola pelo chão.*

FIM

# AUTO DA BARCA DE CAMIRI
(1968)

## Cenário

Severo. Símbolos enormes de justiça. Duas cadeiras negras altíssimas. Mesa com livros e papéis muito volumosos. Uma porta sempre aberta, por onde entram as testemunhas. Outra porta fechada, por onde entram os juízes. Esta última porta nunca mais é aberta. Num cabide, penduradas, duas togas negras com abundantes rendas no decote e nas mangas. Os juízes entram exaustos. Estão vestidos com ternos pretos e nas gravatas um destacado símbolo de justiça. Começam a despir-se lentamente. Com a entrada do Trapezista, eles devem estar de ceroulas somente.

Nota: Diferença acentuada entre as duas portas. Uma, singela. Outra (a dos juízes) rebuscada, grotesca.

**Trapezista** (*no trapézio*):
>   Senhores:
>   No nosso tempo de desamor e lamento
>   É raro ser bom prelado
>   Ser passarinheiro
>   Ou trapezista.

*Escurecimento. Ruído de metralhadoras. Silêncio.*

**Uma voz** (*tom de comando, em tensão*):
>   No coração!
>   No coração!

*Logo em seguida, estampido de um tiro de revólver. Luz.*

**Juiz jovem:** Que lugar, santo Deus! Que lugar! Isso é uma injustiça.

**Juiz velho:** Social?

**Juiz jovem:** Não, não! Obrigarem-nos a fazer esta visita. E depois, (*olha ao redor*) veja bem: só nós dois. Não deveríamos ser três?

**Juiz velho** (*sempre sem muito interesse*): Três?

**Juiz jovem:** Três! Três! O relator, o revisor e o terceiro.

**Juiz velho:** É. Esse não veio. (*olha ao redor*) E mesmo que viesse, só há duas cadeiras.

**Juiz jovem:** É verdade. Aqui é certamente o fim do mundo. Ou o inferno, não sei.

**Juiz velho:** Você acha que pode existir um lugar melhor? Um outro que seja o céu?

**Juiz jovem:** No céu certamente seríamos três juízes. E aqui somos dois. Ainda bem. Não há possibilidade de clemência.

**Juiz velho:** Ou quem sabe duas possibilidades de clemência.

**Juiz jovem:** Isso nunca é possível.

**Juiz velho:** Nunca.

*Pausa. Ruído surdo de metralhadoras.*

**Juiz jovem:** Você viu aquele homem?

**Juiz velho:** Não. Que homem?

**Juiz jovem:** Um homem que tinha nas mãos um possível maná.

**Juiz velho:** Como é mesmo?

Juiz jovem: Um alimento! Um alimento! Por que nunca vi tantos pássaros ao redor de uma só pessoa. E os cães então... você não viu?

Juiz velho: Não, não vi.

Juiz jovem: Mas é verdade? Nem os pássaros? Nem os cães? Eram muitos, muitos! Estavam todos ao redor do homem. Estranho... Você jura que não viu?

Juiz velho: Mas com esse calor eu não vejo nada. Com esse calor todos fedem. Os homens fedem.

Juiz jovem: Tem razão, tem razão. Os homens são seres escatológicos. Esse tema é ótimo para discorrer. Veja. (*vira-se para a plateia*) Escatologia, certamente os senhores saberão o que é: nossas duas ou três ou mais porções matinais expelidas quase sempre naquilo que convencionalmente chamamos de bacia. Enfim, (*curva a mão em direção à boca e estende em direção ao traseiro*) esse entra e sai. Para vencer o ócio dos senhores que dia a dia é mais frequente, não bastará falar sobre o poder, a conduta social, a memória abissal, o renascer. É preciso agora um outro prato para o vosso paladar tão delicado. (*vira-se para o velho*) E se pensássemos num tratado de escatologia comparada? Nada mais atual e mais premente.

Juiz velho: Comparada com o quê?

Juiz jovem: Com tudo! Com tudo!

Juiz velho: Ah, talvez bem pensado porque...

Juiz jovem: Porque tudo o que se compara, se estende. E se transforma em conflito sempre eminente

Juiz velho: Tudo isso é bom para o teatro. Fale merda para o povo e seja sempre novo. Ah, nossa boca de vento... (*põe a mão na boca num gesto de desprezo*) Blá, blá, blá.

Juiz jovem: Mas nossa boca de vento, que aparentemente é vazia, seria o primeiro elemento para uma escatologia... comparada. Boca de vento... na verdade (*põe a mão no traseiro e na boca*) duas bocas do nada. Partindo do nada, chegaríamos a infinitas conclusões. Depois do nada, vem tudo de mão beijada. A cultura.

Juiz velho (*muito surpreendido*): A cultura?!

Juiz jovem: Espere... espere. Você sabe que o verme come o homem. E a cultura de material abundante seria no futuro nossa única forma de leitura. Cultivar a matéria! Ler na matéria! O mundo se transformaria num grande laboratório de análises. Acostumar as narinas! Já de início ficaríamos todos livres da parasitose. Depois, quem sabe o que se descobriria na matéria... quem sabe o quê!

Juiz velho: Problemático, problemático. Haveria entre os povos um apetite mais acentuado, um recrudescimento no comer.

Juiz jovem: Por quê?

Juiz velho: Ora, é evidente. Comer muito para muito ler. E a época é de contenção. E será sempre.

Juiz jovem: Você acha?

Juiz velho: E depois esse teu tratado pode gerar confusão.

Juiz jovem: Por quê?

Juiz velho: Porque se você abrir um dicionário, verá que a palavra escatologia tem dois sentidos. Um, é essa tua matéria, está certo. O outro, faz parte da teologia. Escatologia: doutrina das coisas que deverão acontecer no fim do mundo.

Juiz jovem: Mas está perfeito! Uma surpreendente analogia! No fim do mundo sobre nossas cabeças uma nova esfera! A coproesfera! Sobre nossas cabeças enfim o que os homens tanto desejam: a matéria! Você não se entusiasma? Sobre nossas cabeças como um novo céu, a merda! Escatologia pura.

Juiz velho: Já que você tem ideias, você conhece alguma coisa que consiga tirar o cheiro das testemunhas? Durante toda a minha carreira pensei em várias soluções...

Juiz jovem: Uma delas...

Juiz velho (*ainda com as calças, tira dos bolsos tampões cilíndricos muito compridos e finos*): Usar enormes tampões!

Juiz jovem (*examinando um dos tampões*): E não seria abusivo?

Juiz velho: Ou uma tenda enorme de oxigênio.

*Desce do alto rapidamente uma cúpula de plástico, contornando por inteiro o Juiz velho.*

Juiz jovem: E não seria o extremo?

Juiz velho: O quê? O quê?

Juiz jovem (*muito alto*): E não seria o extremo?

*A cúpula sobe rapidamente.*

Juiz velho (*desanimado*): É, não adianta. As testemunhas serão sempre infectas. (*guarda o tampão*)

Juiz jovem: Infectas. (*guarda o tampão*)

**Juiz velho** (*para a plateia*): E isso é teatro, senhores, Conflito eminente... nem sempre. Pois veem que estamos de acordo.

*Entra o Trapezista. Trapézio desce do alto. Trapezista pula para o trapézio de um salto.*

**Trapezista**: Se me permitem, Excelências!
    Que maravilha!
    O homem ficou suspenso!
    Nada nas mãos que o prendesse
    Ao chão! Assim no ar!
    Como libélula!
    Mas sem o estremecer daquela!
    Tranquilo como em repouso!
    Sem esforço!
    E que luz abundante sobre a roupa!
    (*luz violenta sobre o trapézio*)
    Excelências
    O homem ficou suspenso
    No ar! No ar!
    Que visões temos tido!
    Que vidências!

**Juiz velho** (*tapando o nariz*): Mas ainda não começamos a audiência. Retirai-vos.

**Trapezista**: Ah, mas aqui
    Temos tanta sede da verdade

Que queremos entrar e sair
Segundo a própria vontade.

**Juiz jovem** (*para o Juiz velho, tapando o nariz*): Eu não lhe disse? Escatologia do porvir.

**Juiz velho** (*para o Trapezista*): Sai, sai. Pois estamos quase nus.

**Trapezista** (*desce do trapézio*):
E o que isso importa?
Um juiz é
E será sempre um juiz.
Da matriz (*aponta o sexo do juiz*)
à morte.

**Juiz velho** (*empurrando o Trapezista para fora*): Com licença, com licença. (*começa a vestir a toga*) Isso é demais. Isso é demais!

*Risos do povo. Alguém pergunta: "Quem são esses homens?". "São da cidade." "E vêm fazer o quê?" "Eles vêm dizer se o homem existe ou não." "E a gente não sabe não?" Muitos risos. Música. O povo invade a sala dos juízes, homens e mulheres tentam fazê-los dançar. Os juízes estão muito aflitos, tapam as narinas, procuram as roupas etc. O povo canta.*

**Letra da primeira música:**
Ai, coisa complicada
São os da cidade

Os que vêm dizer
Se o homem que a gente vê
É de verdade ou não
É de verdade ou não
Se o homem que a gente diz que se move
Ai, que se move ou não
Ai, que se move ou não
Se tudo é, ou se é tudo ilusão
Se tudo é, ou se é tudo ilusão
São os da cidade
Os de compreensão
Os que vêm dizer
Se o que a gente vê
É sabedoria
Ou é danação
Se o que a gente vê
E coisa brilhosa
Ou é escuridão.

LETRA DA SEGUNDA MÚSICA:

Homem que a gente vê
Mas que ninguém quer
Que se veja
Ai, chupa o meu mindinho
E assim tu me distrai
E eu não vejo nada
Além do meu mundinho

**Letra da terceira música** (*para ser cantada de início pelo Trapezista e em seguida pelo povo*):

    Um arco-íris pro homem lá no alto
    Arco irisado feito um pedaço
    Do meu corpo alado.
    Sobe no meu dorso
    E vê se faz esforço
    Pra chegar ao alto.
    Ai, eu quero subir
    E abrir minha asa
    E te dar meu canto
    Que não é cantado
    Com palavras.
    E um canto de dentro
    Que o que tem de alegria
    Nao tem de lamento.

*Ruído de metralhadoras. Silêncio.*

**Juízes** (*para o povo*): Saiam, por favor, saiam, saiam. Isso é demais, isso é demais. Com licença, minha senhora, com licença, meu senhor. Eu nunca vi, ah, isso eu nunca vi.

*O povo sai.*

**Juiz velho** (*vestindo a toga*): Mas amassaram tudo, veja. Lamentável. Inda bem que saíram.

**Juiz jovem**: Mas a testemunha é sempre assim: quando não entra, sai.

Juiz velho: E isso o que quer dizer?

Juiz jovem (*vestindo a toga*): Nada, nada. O que eu digo e não digo é a futura problemática do ser. Isto é: escolher entre o dizer mais fundo e o não dizer. Neste caso agora, eu escolhi o último.

*Os juízes com suas respectivas togas mudam inteiramente o tom das falas. Formalíssimos.*

Juiz velho: Excelência. (*senta-se na cadeira*)

Juiz jovem: Excelência. (*senta-se na cadeira. Pausa*)

*Examinam papéis muito volumosos.*

Juiz velho: Pedem-nos o impossível.
    Saber de um homem
    Que bem poucos veem.

Juiz jovem: Tão poucos o sabem
    Que é o mesmo
    Que falar do invisível.

Juiz velho: O que se vê já é tanto
    E tão difícil.
    Se olhardes no mais fundo
    Um rosto se acrescenta.
    Mas se o olhardes muito
    Talvez desapareça.

**Juiz jovem:** E apareça um outro rosto
                Até então submerso
                Esquecido
                E quase sempre adverso
                Ao próprio dono.

**Juiz velho:** Ou cúmplice inconfesso.

**Juiz jovem:** Então é melhor julgarmos
                O que nos parece mais real
                Não é?

**Juiz velho:** Se é um ingênuo na aparência
                Mas construído em vileza...
                Não nos engana...
                Contexto de aspereza!

**Juiz jovem:** Ou às avessas?
                É vil de parecença
                Mas de peito inocente?
                Por dentro uma criança
                Imensa
                Que até com as palavras
                Se ressente?

**Juiz velho:** Pensais que nesse caso
                A pena seria delicada?

*Ruídos surdos de metralhadora.*

**Juiz jovem:** Sentença amena...

Mas são tão raros esses
De uma infância calada. (*pausa*)
Vossa Excelência
Foi uma criança transparente?

Juiz velho: Quereis dizer aberta
E clara
Sem torpeza eminente?

Juiz jovem: Acreditais que na criança
O torpe também se faz?

Juiz velho: Só na criança, Excelência
O torpe é mais eloquente
E audaz. Mas...
Eu fui uma criança austera.
E no fundo sempre
À espera.

Juiz jovem: À espera de quê?

Juiz velho: Do milagre.

Juiz jovem: Então alegrai-vos!
(*examinando os papéis*)
Dizem que o homem
Esse que nos cabe
Só não transforma a terra
Em ouro
Porque os homens vindouros

      Mais dia menos dia
      Assim farão.

**Juiz velho:** Em ouro a terra?
      Mas é uma ilusão.

**Juiz jovem:** Eu também acho.
      Mais dia menos dia
      Acredito ainda
      Na escatologia. (*pausa*)
      Mas vossa Excelência
      Não acredita nos imponderáveis?

**Juiz velho:** Quereis dizer no sutil
      No indefinível
      No que se não pode avaliar?
      Excelência
      Se estamos aqui para saber
      De um homem quase invisível
      Não há pergunta mais astuciosa
      Do que essa.
      A mim me quereis provar?

**Juiz jovem:** Mas quando criança, Excelência
      Não era o milagre
      A vossa verdade?

**Juiz velho:** Não disse assim.
      Disse que ficava
      À espera do milagre.

> Mas o milagre para mim
> Era crescer em razão
> E em ciência.

**Juiz jovem:** Crescer...

**Juiz velho:** Tereis alguma coisa
> Contra o crescimento?

**Juiz jovem:** Crescer pode ser bom
> E de repente não ser.

**Juiz velho:** Podemos começar? (*olha para a porta aberta*)
> O senhor aí. Pode entrar.

*Entra o Passarinheiro. Muito jovem. De fala contente.*

**Passarinheiro:** Bom dia, bom dia, Excelências.
> Na verdade não é recomendável
> Visitar a cidade em rebelião.
> Mas que fazer?
> Também vossas Excelências
> Têm o seu ganha-pão.

*A cada testemunha que entra, com exceção do agente, os juízes dão demonstração de desagrado em relação ao cheiro. Talvez possam usar grandes lenços de renda.*

**Juiz velho** (*formal*): Bom dia.
> Bom dia, o vosso nome.

**Passarinheiro:** Sou o passarinheiro.
Vivo nesta cidade
O ano inteiro.
A não ser quando vou caçar
Mais para diante...
Pra lá, pra lá
Entre o riacho e o monte.
Mas o que eu caço, eu não mato.

**Juiz velho** (*impaciente*):
Sim, sim.
Mas dizei o vosso nome.

**Passarinheiro:** O meu nome eu já vos disse.
Sou o Passarinheiro.

**Juiz jovem:** Passarinheiro somente?

**Passarinheiro:** Nesta cidade, Excelência
A profissão do homem
É o seu nome.

*Os juízes entreolham-se. Fazem gestos de cansaço.*

**Juiz jovem:** Passarinheiro... Bem, bem.

**Juiz velho:** Tendes a declarar...

**Passarinheiro:** Que eu vi o homem.
Eu vi o homem!
E o agente quer me obrigar...

**Juiz jovem** (interrompe): O agente?

Passarinheiro: O agente dos mortos!
                O agente funerário!

*Ouve-se a voz do Agente: "Eu quero entrar! Eu quero entrar!".*

Passarinheiro: Ele sabe o que diz.
                Quem trabalha com os mortos
                Mais prefere entrar do que sair.

Juiz jovem (*para o velho*):
                Esse entrar e sair
                Cresce dia a dia.
                E isso é ou não é
                Da alçada da escatologia?

Juiz velho (*para o Passarinheiro*): Como assim?
                              Explicai-vos.

Passarinheiro: Como assim? Assim Excelência:
                O agente quer sempre entrar
                Para estender o morto no caixão.
                E uma vez o morto distendido
                Sobre o duro colchão... aí está!
                Está vendido!

Juiz velho: Quem? O morto?

Passarinheiro: Não, Excelência! O caixão!

Juiz jovem: Bem, mas de qualquer forma
                O morto tem que sair
                Vendido ou não.

Passarinheiro: Aí é que está, Excelência.
> O agente prefere entrar
> E ir ficando.
> Quanta gente não morre
> Só de ver o agente!
> E assim em se demorando
> No velório de um,
> Os que velam o morto
> Pouco a pouco
> Ao morto vão se juntando.

Juiz velho: Mas isto não está bem claro.
> Na verdade o agente preferirá sair.
> Pois só na saída é que se sabe
> Se essa coisa que vende foi vendida.

Juiz jovem (*para si mesmo*):
> Dia a dia
> Cresce a importância
> Da escatologia.

*Ouve-se a voz do Agente: "Eu quero entrar! Eu quero entrar!".*

Juiz velho: Mas é impossível continuarmos
> Com esse homem a gritar!

Voz do agente: Ele não viu o homem!
> Ele não viu o homem!
> Eu vou morrer de fome.

PASSARINHEIRO: Ele quer me obrigar a dizer que não vi.

JUIZ JOVEM: Por quê?

PASSARINHEIRO: Porque se o homem existe
    Como eu vi,
    E começa a ressuscitar
    Seja o que for
    Homens ou bem-te-vis
    Ele morre de fome.

JUIZ VELHO: Mas o homem ressuscitou alguém?

PASSARINHEIRO: Ressuscitou um pássaro.
    Era uma ave contente, canora
    Que o Trapezista me deu de presente.
    Tinha três plumas raras entre os olhos
    E o peito era tão claro...
    Branco de sol, sol do meio-dia!
    Ah, que presente!

JUIZ JOVEM: Bem, bem. E como esse pássaro morreria?

PASSARINHEIRO: Ah, Excelência
    Numa tarde de águas
    A ave estremeceu.
    Batia as asas e um pio

Tão dolorido se ouvia:
Como um grito de gente!
Que coisa é a morte
De um pássaro!
Ruído surdo de metralhadoras.

Passarinheiro: O senhor nunca viu?
Que olhar, santo Deus!
Se eu não soubesse
Que os homens também morrem
Nunca perdoaria
Essa morte sem nome
Esse bater-se
Esse esgarçar-se.

Juiz velho (*impaciente*): Então, então.

Passarinheiro: Então morreu.
Pranteei de tal jeito
Que se eu não me soubesse
Tão leal
Diria que passei
Todo amor que tinha
Para o pobre animal.
Mas aí vi o Homem.
Excelência!
Foi como se a Divina Providência
De mim se apiedasse. Pedi:

Homem que não sei de onde vem,
Sossegai-me
E transformai o pássaro
No que era: Garganta de Luar
Peito de primavera.
O Homem abriu as mãos.
E nesse instante
Dessa tarde de águas
Fez-se o sol... tênue
A princípio
Mas o bastante
Para aclarar-me o rosto.
Excelência!
O sopro desse Homem
No pequenino corpo!
E um sol tão absurdo
Tão crescente
Nessa tarde de águas!
E súbito o que vejo?
Um esticar de asas!
Um espreguiçar-se de pássaro!
Como se voltasse de um sono
Simplesmente!
E que canto! Um canto
Sobre o ombro do Homem...
Um canto de alegria...

Comprido! E depois mais um
Mais dois...

**Juiz velho:** Bem, bem, mas e o Homem?

**Passarinheiro:** O Homem? Eu não vi.
Com aquela alegria
Dele me esqueci.
Veio gente, tanta gente!
Cheguei a dizer que o Homem
Era Deus. Então alguém me disse:
Nós queremos milagres eficazes
E não Deus.

**Juiz jovem:** Mas o Homem sumiu?

**Juiz velho:** O Homem é o que importa.

**Passarinheiro:** Mas não é suficiente
Dizer-vos que o Homem
Ressuscitou um pássaro?
Coisa que nunca se viu?
Se o pássaro ressuscitou
É porque o Homem existe.
Não é suficiente, Excelência
O meu relato
Para provar essa existência?

**Juiz velho:** O pássaro...
Pode ter tido um colapso...

>           Uma morte aparente.
>           E foi tamanho o vosso desejo
>           De se ver contente
>           Que imaginastes o Homem
>           E toda essa cena... digamos
>           Um pouco fremente.

*Ouve-se a voz do Agente: "Eu quero entrar! Eu quero entrar!".*

**Juiz velho:** Entrai, pela memória dos meus!

*O Agente está vestido como um militar. Farda negra. Botas altas.*

**Juiz jovem:** Sois o agente?

**Agente:** Sim, por Deus.

**Juiz velho:** Tendes a declarar...

**Agente** (*ameaçando os juízes*):
>           Se acreditardes no homem
>           Na sua tola existência
>           Tenho uma ordem, Excelência:
>           Que uma nova lei se faça:
>           É preciso declarar
>           Que os pássaros ressuscitados
>           Têm a mesma consistência
>           Dos mortos e enterrados.

**Os juízes:** Por quê?

**Agente:** Porque se o pássaro morreu uma vez, está morto não é?
    Seja qual for a aparência.

**Juiz velho:** Parece razoável.
    Essa testemunha não fede como as outras. É decente.

**Juiz jovem:** As autoridades cuidam bem do seu agente.

**Passarinheiro** (*angustiado*):
    Excelência! Excelência!
    E por que não declarar
    Que os pássaros ressuscitados
    Têm a consistência dos vivos?
    Estendem as asas e cantam
    Ao contrário dos mortos...
    Isso é tão claro, deve estar nos livros!

**Agente** (*bate na mesa onde estão os juízes*):
    A consistência dos mortos!
    Eu exijo.
    E outra coisa eu proponho
    E me permito:
    Todo aquele que morrer
    Definitivo ou não
    Seja uma vez, seja três
    Seja pássaro ou indivíduo
    Deve comprar um caixão.

Passarinheiro: Por quê? Se não vai usá-lo?

Agente: Isso é secundário.

Passarinheiro: Ó, bem se vê quem sois!

Agente: Quem sou? Toma lá para aprenderes!

*O Agente começa a agredir o Passarinheiro, que faz o possível para esquivar-se. Os gestos do Passarinheiro devem seguir um posterior relato do Prelado, quando depõe.*

Juiz velho (*indiferente à luta entre o Passarinheiro e o Agente*): O agente parece razoável. Quem morreu uma vez, ainda que ressuscite, está morto.

Juiz jovem (*indiferente à luta*): Rei morto... num minuto rei deposto.

Juiz velho (*abrindo ao acaso um enorme volume sobre a mesa*): E depois aqui está: "Não se deve estabelecer confusão entre matéria nova e fato novo, isto é, entre o que só agora se alega, posto que pudesse ter sido alegado". Está claro... morto e enterrado.

Juiz jovem: Mas não seria o contrário? (*abre outro volume ao acaso*) Aqui está: "O Tribunal aprecia e julga, em primeira e única instância, a matéria superveniente". No nosso caso, não seria o ressuscitado ainda quente?

**Juiz velho:** Isso é secundário.

**Juiz jovem** (*para o Passarinheiro e o Agente*):
>Senhores, senhores!
>Não seria possível
>Amenizar a vossa relação?
>Torná-la mais branda
>Para que se possa chegar
>A uma conclusão?

**Agente** (*cansado de atacar o Passarinheiro*):
>Nunca! Não posso permitir
>Que um morto seja vivo.

**Passarinheiro** (*cansado de se defender*):
>E nem eu que um vivo seja morto!
>Deve estar nos livros!
>Deve estar nos livros!

**Juiz velho:** Ó, pela memória dos meus.

**Agente:** Ó, por Deus, por Deus! (*começa a agredir novamente o Passarinheiro e saem da sala ainda lutando*)

*Entra o Trapezista.*

**Trapezista:** Senhores, senhores!

**Juiz velho:** Não insista! Não insista!

**Trapezista:** Mas eu sou o Trapezista.

**Juiz jovem** (*tapando o nariz*): Ah, tem novas notícias?

**Trapezista:** Uns viram-no falar.
Outros disseram que é mudo.

**Juiz velho:** Mas a palavra é o que importa.
Pois o que a boca não diz
Pode ser tanta coisa, o indizível
Ou saga remota
Que a língua não ousa.
Ou ódio, ou muito amor.
Coisas feitas de silêncio.

**Juiz jovem** (*tirando a mão do nariz a contragosto*): Então que coisas falou?

**Trapezista:** Não ouso dizer, senhor.

**Juiz velho:** Mas é preciso! A verdade!

**Juiz jovem:** É ofensivo?

**Trapezista:** Talvez cheio de vaidade.

**Juiz velho:** Não importa. (*pausa*) Vamos. Vamos.

**Trapezista:** O homem falou: Eu sou irmão d'Aquele.

*Os juízes entreolham-se.*

**Juiz jovem:** D'Aquele... de quem seria? (*pausa*)

**Juiz velho:** De quem?

TRAPEZISTA: Do Cristo! E de quem mais, e de quem mais?

JUIZ VELHO: Do Cristo?!
            Aquele... Aquele...
            Aquele pode ser três:
            Buda, Lênin, Hermes Trimegisto.

JUIZ JOVEM: Ulisses! Orfeu! (*pausa*)
            Mas ele tem parecença
            Qualquer coisa
            Que vos faça lembrar
            Alguém de tanta eminência?

TRAPEZISTA: Tem bons dentes. É belo.

JUIZ VELHO (*para o Juiz jovem*): O Cristo era belo?

JUIZ JOVEM: Não sei. (*para o Trapezista*) É simples?

TRAPEZISTA: No vestir-se?

JUIZ JOVEM: Sim, sim.

TRAPEZISTA: Bem... é singelo.

JUIZ VELHO: E o olhar?

TRAPEZISTA: O olhar... é de quem sabe.
            De quem viu muita coisa.
            É claro e sombrio a um só tempo.
            Como quem viu o sol muito de perto
            E cegou por dentro, (pausa)

JUIZ JOVEM: É paciente?

TRAPEZISTA: Não sei... Eu só o vi calado.

JUIZ VELHO: Ora, ora... mas tem gestos!

TRAPEZISTA: Lentos... lentos.

JUIZ JOVEM (*para o velho*): Não é irmão de Lênin... é manso.

JUIZ VELHO (*para o jovem*):
>Pode ser manso no gesto
>E ter sangue no plexo. (*pausa*)
>Deixai-o vir a mim.

TRAPEZISTA: Impossível.

JUIZ JOVEM: Por quê?

TRAPEZISTA: Ele não sai de onde está.

JUIZ VELHO: Então é mais simples. Buscai-o.

TRAPEZISTA: Mas quando se o procura
>Já não está lá.

JUIZ VELHO: Dizeis que se move
>De um lado a outro
>Sem ser visto?

JUIZ JOVEM (*com ironia*): Ah, isso nos comove.

TRAPEZISTA: Senhor, move-se com tanta liberdade
>Com andar elástico, espaçado
>Como um cavalo de salto!
>Mas se o procurardes

Não está onde deveria.
Pela direção do passo
Estaria em frente.
E de repente volteia
Como um compasso. (*pausa*)
Não me fiz entender?

Juiz velho: Homem, tenho ouvido relatos.
Mas nenhum me parece
Mais desacertado.
Exemplificai.

Juiz jovem: Saltai como ele o faz.

Trapezista: Eu não saberia.

Juiz velho: Dizeis que tem um andar
Que um ser humano
Não imitaria?

Trapezista: É leve... É pesado
É flor e cajado.

Juiz jovem: Mas alguma coisa o circunscreve!
É um homem afinal!
É leve assim? Como um círculo
Desenhado no espaço?

Juiz velho: É como um certo pássaro
Que nem bem pousa
E já está no mais alto
Onde o olhar não ousa?

**Juiz jovem:** É pesado como um barco?

**Trapezista:** Nem uma coisa, nem outra.

**Juiz velho:** Esse homem não é.

**Juiz jovem:** Como dizeis, Excelência?

**Juiz velho:** Não é, não é!
    Não o consigo ver.
    O olhar de quem sabe...
    O que quer isso dizer? (*para o Trapezista*)
    O meu olhar é o de quê?
    Vejamos.

**Trapezista** (*olha muito de perto*): O de quem quer ver!

**Juiz velho** (*para si mesmo*):
    Isso é verdade... agora. (*para o jovem*)
    Mas antes... como seria o meu olhar?
    Como seria antes de saber
    Que esse homem existia?

*Durante o diálogo do velho e do jovem, o Trapezista faz exercícios, levantando os braços, movendo-os como se quisesse voar.*

**Juiz jovem:** Antes... não sei, Excelência.
    É tão difícil colocar
    Esse tempo que pedis.

> Antes, depois, agora...
> Cone do passado
> Cone da memória
> É a hora em que tudo se faz.
> Vede, Excelência...
> O tempo o que é?
> E o que demora!

**Juiz velho:** É o que nos escapa.

**Juiz jovem:** Isso é poesia.

**Juiz velho:** O tempo... depende.
> Se é visto pela física
> Ou pela metafísica.

**Juiz jovem:** Na física tudo é coerente.

**Juiz velho:** Mas alguém me disse
> Que o relógio da poesia
> Anda mais depressa
> E com mais maestria
> Do que aquele da física.

**Juiz jovem:** Isso sim certamente é poesia.

*Entra o Prelado.*

**Prelado:** Excelência!

**Juiz velho:** Quem sois?

**Prelado:** Sou aquele que vejo.

**Juiz jovem:** O visor.

**Prelado:** Não, o Prelado.
  E não vejo um, vejo dois.

**Juiz velho:** Dois homens agora?

**Prelado:** Não, por Nossa Senhora!
  O homem e uma sombra!

**Juiz jovem:** Uma sombra?

**Prelado:** Sim, sim!
  Vi-o lutando com uma sombra.
  Era ágil e esquivo a todo golpe.

**Juiz velho:** Como sabeis?
  Pois não era apenas uma sombra
  Uma sombra que com ele lutava?

**Prelado:** Mas era tão visível
  Que a sombra o atacava!
  Curvava-se, levantava-se
  Com destreza
  O gesto era dúplice
  Pra lá, pra cá
  E em tudo se mostrava tão forte
  E tudo acontecia tão depressa
  Como se tivesse dois braços
  Unidos por uma corda espessa
  E ao mesmo tempo

> Dois braços tão divididos
> Tão separados
> Sem possível união
> Assim... assim...
> Achei! Como os olhos de um camaleão.

**Juiz velho:** E a sombra de quem seria?

**Trapezista e Prelado** (*juntos*): A sombra do...

**Juiz jovem:** De quem? De quem?

**Prelado:** Senhor... A demonologia
>    Explicaria bem.

**Juiz velho:** Ora, ora...
>    E por que não a sombra do Divino?

**Trapezista:** Mas luta-se com Deus?

**Juiz velho:** Luta-se com a vida
>    Com a morte, com o destino
>    E por que não com Deus?

**Juiz jovem** (*com ironia*):
>    Quem sabe assim
>    Nós O conheceríamos?

**Trapezista:** Oh!

**Prelado:** Oh!

**Juiz velho:** Estou muito cansado.
>    Afinal, o que quereis de nós?

**Trapezista e Prelado:** Que declarem o Homem existente!

**Trapezista:** Que nos libertem do agente.

**Juiz jovem:** Quereis a vida fácil.
    O agente não é parte
    Essencial de vossa comunidade?

**Juiz velho:** Pretendeis muita sorte.
    Os homens não andam sempre
    De braços dados com a morte?

**Trapezista:** Mas Excelências,
    Tem sido muito difícil
    A minha vida.
    Se faço meus exercícios
    O agente está lá.
    Me vigia a cada salto.
    E a cada dia
    Quero subir mais alto.
    Não é o certo?
    Mas ele diz: Não insista!
    Ó, meu Deus, como fazer?
    Se para isso sou trapezista?
    Para subir... Para subir!

**Prelado:** Senhor
    Pelo que vejo
    Com a minha vista bendita,

>           Deixai-me a mim
>           Acompanhar o homem e seus cães...
>           E seus pássaros... Pela minha vista
>           Bendita!

**Juiz jovem:** O que dizeis, meu Prelado?
>           O Homem do milagre
>           acompanhado?

**Prelado:** Sim, Excelência!
>           Durante muito tempo
>           O Homem pediu aos homens
>           Que o acompanhassem. Não quiseram.
>           Não quiseram. Então... agora
>           Viaja com ele o pássaro
>           O cão.

**Juiz jovem** (*para o velho*):
>           Mas esse homem eu vi!
>           Não vos disse?

**Prelado:** Senhor, todo aquele que o vê
>           Há de crescer...

**Juiz velho** (*com ironia*): Em razão e em ciência?

**Trapezista:** Em amor, Excelência.

**Prelado:** O homem faz o apelo,
>           E quem o vê
>           Pode segui-lo

> E libertar-se do agente
> Por inteiro!

**JUIZ JOVEM** (*para o velho*):
> Ora, devo estar mal da vista.
> E ainda mais acreditar num prelado
> Num passarinheiro e num trapezista...

**JUIZ VELHO:** Estou muito cansado.
> Dizer que esse homem existe
> É o mesmo que afirmar
> Que não estamos aqui
> Sentados. Que nunca estivemos.

**JUIZ JOVEM:** Estaremos?

**JUIZ VELHO:** O quê? Aqui?

**JUIZ JOVEM:** Ou algum dia estaremos lá
> Onde esse homem está?

*Ruído surdo de metralhadoras.*

**JUIZ VELHO:** Onde ele está... Onde ele estava...
> Quem é que sabe?
> Volteia como um compasso
> Ressuscitou um pássaro
> Tem as mãos cheias
> De um possível maná...
> É homem? É grão de areia? (*para o Prelado*)
> Pode-se tocá-lo? Não.

**Prelado:** Sim.

**Juiz velho:** E então como era? Como era?

**Prelado:** Denso... mas...

**Juiz velho:** Mas eu não digo?
    Tudo aqui é pretenso.

**Juiz jovem:** Vamos, fala! Denso mas o quê?

**Prelado:** Diáfano! Diáfano!
    Ó, não sei!
    Não bastará dizer
    Que a mão humana
    Jamais experimentou
    Esse contato?

**Juiz velho:** Mas prelado, por favor!
    Em nós, tudo é exato!
    Assim como a Pátria
    Deseja para seus filhos
    Equidade... a lei.

*Ouve-se uma rajada vigorosa de metralhadoras.*

**Juiz velho:** A lei.

*Ouve-se nova rajada vigorosa de metralhadoras. O Trapezista sai correndo da sala, e o Prelado ajoelha-se e reza. Um tiro seco.*

**Juiz velho:** O que era mesmo que eu estava falando?

**Juiz jovem** (*aflito*): Faláveis da (*voz baixa*) lei, Excelência.

*Ouvem-se ruídos e muitas falas.*

**Juiz velho**: Ora bolas! Que tumulto! Que tumulto!

*O Trapezista entra esbaforido.*

**Trapezista** (*ofegante*):
>Senhores, o Homem está morto!
>Tudo o mais é suposto!

**Juiz jovem**: Morto? O Homem do milagre?
>Não era tão milagroso?

**Juiz velho** (*para o Trapezista*):
>Acalmai-vos! Acalmai-vos!
>Há de vos fazer mal esse nervoso!
>(*para o jovem*)
>Os homens quando ficam nervosos
>Fedem mais.

**Trapezista** (*em emoção*):
>Morto. Mas não enterrado.
>Crivaram-no de balas
>Mas agora tem o rosto
>À semelhança d'Aquele
>Que dissemos.

**Juiz velho:** Dissemos Buda, Lênin, Hermes Trimegisto.

**Trapezista:** Não, não! (*pausa*)

**Juiz jovem:** Vamos, fala! Mas o que é que te deu? Ulisses? Orfeu?

**Trapezista:** Não, não!

**Prelado:** Do Cristo.

**Trapezista:** Vós o dissestes. À semelhança do Cristo.

**Juízes** (*juntos*): Do Cristo?

**Trapezista:** Pelo meu Deus!
    Não é o mesmo rosto? (*slides do rosto de um dos cristos de Ticiano*)
    Vêde! Não é o mesmo corpo?
    Não é o mesmo corpo?

*Slides com corpo de Cristo morto. Uma das posições parecida com a descida da cruz de Ticiano. Slides da descida da cruz; rápidos, simultaneamente.*

**Juiz jovem:** Mas o Cristo alimentou as gentes
    E não os cães.

**Trapezista:** Mas dizem que o homem
    Chegou a isso por imposições!
    Que quem o viu falar

> Jamais o entendia.
> Que aqueles para quem
> Ele vivia
> Tinham rostos de pedra.
> Olhavam-no com espanto!

Slides *do Cristo sendo flagelado, entre as gentes, diante de Pilatos.*

**Juiz jovem:** Pelos milagres que fazia?

**Trapezista:** Não! Pelo seu próprio canto!

**Juiz velho:** Ele cantava?

**Trapezista:** Não como entendeis o canto. (*os Juízes entreolham-se sem entender*)

> O canto era de dentro!
> Imenso, tão largo
> Que seria necessário muito tempo
> Para que os ouvidos entendessem!
> Muito espaço
> Para que o coração de todos
> Se alargasse!

**Juiz velho:** O coração?

**Juiz jovem:** O coração?

**Trapezista:** O canto só se ouviria
> Se o coração de todos
> Com ele cantasse.

**Prelado:** E não cantaram?

**Trapezista:** Não! Não! Ó, eu quero subir! (*tristíssimo*)
        Eu quero subir!

**Juiz jovem:** Trapezista, essa asa, na lei, não está prevista!

**Juiz velho:** Prelado, nossa sentença
        Será conivente
        Com toda decência:

**Juízes** (*juntos*): Se tal Homem existiu
        A lei nunca o soube
        Nem nunca o permitiu.

**Juiz velho:** E para evitar daqui por diante
        A possibilidade do milagre
        E existências sutis
        Tumultuando a cidade,
        A lei... (*ouve-se uma rajada de metralhadoras*)
        A lei...

*Ouve-se nova rajada de metralhadoras. O Trapezista sai rapidamente e volta rapidamente.*

**Trapezista:** Excelências! (*desesperado*)
        Mataram os pássaros!
        Mataram os cães!

Prelado: Por quê? Por quê?

Trapezista: Para que não se transformassem em guardiães.

Juiz jovem: Guardiães? De quê?

Trapezista: De um futuro! Assim disseram.

Juiz velho: Ó, estou muito cansado. Mas eu falava...

Juiz jovem (*em aflição*):
    Faláveis da ... (*voz angustiada e baixa*)
    Lei, Excelência.

Juiz velho: Pois é. (*olha ao redor e para a porta aberta. Voz baixa*) A lei... (*voz alta*) É heroica. Pois afinal arriscamos a vida nesta toga. (*o Juiz jovem faz sinal para que o Juiz velho se apresse*) Bem, bem... A nossa sentença é antes de tudo um conselho: Que cada um de vós, o Passarinheiro (*olha ao redor*) não está mais? (*o Juiz jovem faz sinal para que o velho se apresse*) Bem, bem, o Prelado está? Ah, sim, e o Trapezista, ah, está aí? Bem. Que todos os três, daqui por diante, vendo alguma coisa, por favor, por favor, não insistam, não insistam. E que o nosso caro Agente, nosso digníssimo Agente... (*olha ao redor*) Não está mais? Enfim, que o nosso Agente continue a dar ao povo o que o povo merece, isto é, sempre,

sempre, e cada vez mais, um envoltório decente, quero dizer, para ser bem claro, aliás, o que me falta sempre, dar ao povo um caixão, um envoltório, em outras palavras, colocá-lo num ardil, numa armadilha, num alçapão, resguardá-lo... Resguardá-lo de toda e qualquer visão. Se tudo isso não se cumprir... (*voz alta por esquecimento*) A lei...

*Ouve-se de muito perto uma rajada vigorosa de metralhadora e o Passarinheiro entra com os braços abertos, quase de um salto, e cai morto. O Trapezista e o Prelado tentam auxiliar o Passarinheiro e ajoelham-se ao seu lado, de frente para a porta aberta.*

Juiz velho: Se tudo isso não se cumprir, a lei...

*Rajada de metralhadora matando o Trapezista e o Prelado.*

Juiz velho: Ó, mas que contratempo! Afinal, nós, os da lei...

*Ruído de preparação para abrir fogo.*

Juiz jovem: Por favor, Excelência, não insista, não insista. Venha, vamos embora. (*vai empurrando o velho até a porta*) Venha depressa, que cidade, que visita! Um homem fazendo milagre, pura fantasia, que vaidade! Nem lícito seria que vivesse, quem assim vivia... (*pausa*)

Juiz velho: Mas agora o que fazer? (*pequena pausa*)

Juiz jovem: Agora, Excelência, agora...
        Agora vamos comer!

FIM

lepmeditores
**www.lpm.com.br**
o site que conta tudo

IMPRESSÃO:

**PALLOTTI**
GRÁFICA

Santa Maria - RS | Fone: (55) 3220.4500
*www.graficapallotti.com.br*